Die besten WITZE
und Cartoons des Jahres
6

Die besten WITZE und Cartoons des Jahres 6

zusammengestellt von Dieter Kroppach

Im Falken-Verlag sind zahlreiche Humor- und Witzbücher erschienen. Fragen Sie Ihren Buchhändler.

ISBN 3 8068 0916 X

© 1988 by Falken-Verlag GmbH, 6272 Niedernhausen/Ts.
Titelbild: unbekannt
Zeichnungen: Meyerpress, Salzburg; Derek E. Easterby, Nürnberg; Fay Grambart, Rodgau
Satz: Uhl + Massopust, Aalen
Druck: Ebner Ulm

817 2635 4453 6271

Der Ehemann kommt nach Hause, macht die Tür auf und ruft seiner Frau zu: »Renate, was gibt es zu essen und was machen die Kinder?«
»Schnitzel und Masern!«

❋

Im Besucherbuch einer Berliner Kunstgalerie steht in der Rubrik »Grund Ihres Besuches« die Eintragung: »Wolkenbruch!«

❋

Der Glasermeister zum Kunden: »Nehmen Sie die Fensterscheibe so mit – oder soll ich sie Ihnen einschlagen?«

»Manchmal wünsche ich mir, ich hätte ein ehrliches Handwerk erlernt!«

Sagt der Chef zu Paule Putenteich: »Ich muß Sie dringend bitten, keinem Menschen zu sagen, welches Gehalt ich Ihnen zahle!«
»Keine Angst«, meint Paule, »ich schäme mich genauso wie Sie!«

✸

Ein Zoologie-Student steht mitten im Examen. Der Professor deutet auf einen halbbedeckten Käfig, in dem nur die Beine eines Vogels zu sehen sind.
»Welcher Vogel ist das?« fragt der Professor. »Weiß ich nicht!«
»Ihren Namen bitte!« Da zieht der Student seine Hosenbeine hoch: »Raten Sie mal!«

✸

Während der Hannover-Messe unterhalten sich drei Wirtinnen über ihre Gäste.
»Ich habe einen ganz vornehmen, der ist ein Herr von...«
»Meiner ist sogar ein Herr von und zu...«
»Und meiner erst: der ist auf und davon.«

✸

»Herbert, jetzt liegst du schon eine volle Stunde neben mir, und ich muß dir sagen, ein guter Liebhaber bist du nicht.«
»Ja, weißt du, Sieglinde, dafür habe ich aber einen hervorragenden Sportsgeist.«
»Wie meinst du das?«
»Ja, weißt du, meine Devise lautet: Dabeisein ist alles!«

✸

»Stell dir vor Emma, man braucht jährlich 5000 Elefanten zur Herstellung von Klaviertasten.«
»Tatsächlich! Es ist nicht zu glauben, zu was die Dressur heute alles imstande ist.«

*

Pichelmoser sagt zu seinen Kegelbrüdern: »Ihr seid ja heute nacht ganz schön voll gewesen. Fünfmal habt ihr mich fallen lassen!«

*

Eine alte Dame am Straßenrand zu einem jungen Mann: »Ach, wären Sie wohl so nett, mich über die Straße zu bringen?«
»Ja gern«, antwortet er hilfsbereit. »Sie wohnen wohl dort drüben?«
»Nee, junger Mann, da drüben steht mein Motorrad!«

*

»In meinem nächsten Leben will ich ein Kamel werden.«
»Ich glaube, das klappt nicht.«
»Warum?«
»Weil man nicht zweimal nacheinander dasselbe werden kann!«

*

Meyer zum Vertreter an der Tür: »Nein, danke, ich nehme keine Lebensversicherung. Ich möchte, daß alle schön traurig sind, wenn ich einmal sterbe!«

*

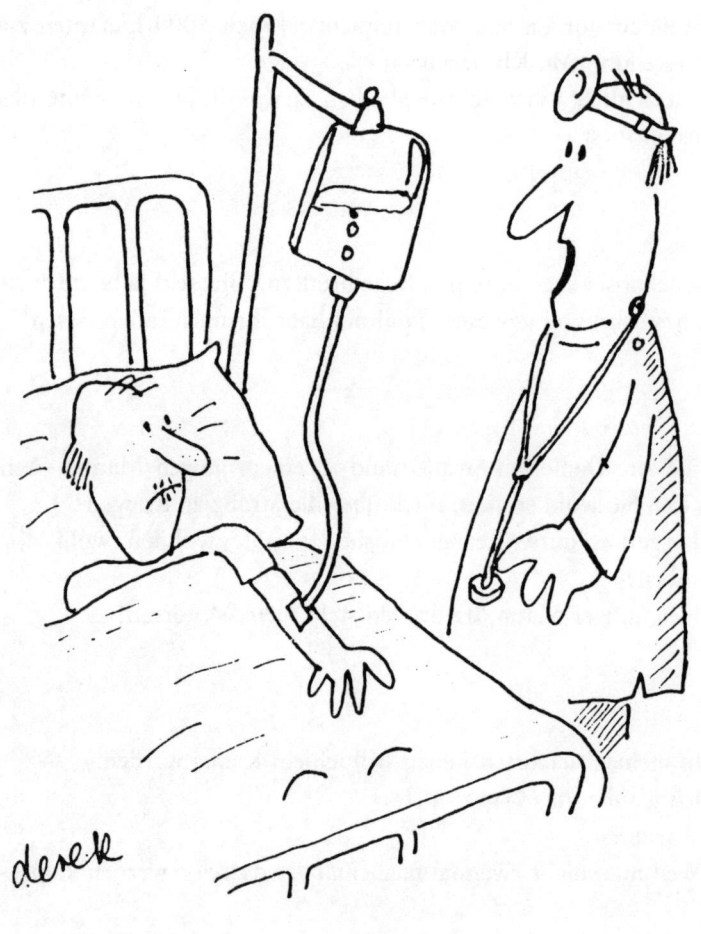

»*Mahlzeit!*«

»Worauf achtest du, wenn du ein hübsches Mädchen siehst?«
»Ob meine Frau gerade guckt!«

*

Der junge Kunstmaler malt ein bezauberndes junges Mädchen. »Sie sind das erste Modell«, meint er nach einigen Sitzungen, »in das ich mich richtig verliebt habe.«
»Das glaube ich nicht«, ruft die junge Dame, »wie viele Modelle hatten Sie denn insgesamt vor mir?«
Darauf der Maler etwas kleinlaut: »Vier – einen Kürbis, eine Flasche und zwei Orangen!«

»Auf der Baustelle arbeitet ein Herr mit Zylinder.«
»Ja, das ist der Bürgermeister. Er hat den Grundstein für das Gebäude gelegt, und als er hörte, wieviel man als Maurer verdient, ist er gleich hier geblieben!«

Die Verwandten aus der Ukraine besuchen die Familie Petrowitsch in Moskau. Jedoch ist nur der kleine Iwan daheim. »Wo sind denn deine Eltern«, wird er gefragt.
»Papa ist gleich wieder da. Er umkreist gerade die Erde in einem Raumschiff. Bei Mama wird es etwas länger dauern. Sie steht für ein Brot an!«

An der Garderobe geraten zwei Schauspielerinnen heftig aneinander. »Eine schöne Dame«, spottet die eine, »die nicht einmal weiß, wer ihre Mutter ist.«
Darauf die andere erbost: »Ich würde dir raten, nicht allzu schlecht von meiner Mutter zu reden – vielleicht bist du es!«

Unterhaltung eines Ehepaares am Abend. »Peter, hier steht, daß die Krähe zu den Singvögeln zählt.«
»Warum nicht, du zählst ja auch zum schönen Geschlecht!«

*

»Martin«, fragt der Lehrer, »wie nennt man einen Menschen, der auch dann noch spricht, wenn ihm längst niemand mehr zuhört?«
»Lehrer, Herr Lehrer!«

*

Personalchef: »Und Sie wollen behaupten, daß Sie eine Verkaufskanone sind, Lehmann?«
»Ja. Neulich habe ich beispielsweise einem Bauern eine große Melkmaschine verkauft. Der Bauer besaß nur eine Kuh, und die habe ich als Anzahlung mitgenommen!«

*

»Ist es wirklich wahr, daß du deine ehemalige Frau wieder heiraten willst?«
»Ja. Ich mußte ihr so viel Geld geben, damit sie in die Scheidung einwilligte, daß mir nichts anderes übrig blieb, als eine reiche Frau zu heiraten.«

*

»Stell dir vor«, strahlt Emil, »meine Frau ist im vierten Monat.«
»Hast du schon jemanden im Verdacht?«

*

»Ohne Worte«

»Minna«, meint der zerstreute Professor zu dem Dienstmädchen, »nun läute ich schon seit über einer Stunde!«
»Ich habe nichts gehört.«
»Schön, aber merken Sie sich: Wenn Sie in Zukunft das Läuten nicht hören, dann kommen Sie sofort und sagen es mir!«

*

Der Arzt kommt von seiner Urlaubsreise zurück und erkundigt sich bei seinem Stellvertreter über die Arbeit in der Praxis.
Plötzlich ringt er die Hände und läuft aufgeregt zu seiner Frau: »Uschi, stell dir vor, wir sind ruiniert. Der Trottel hat in drei Wochen all meine Patienten geheilt...«

*

In einem großen Kaufhaus. »Brauchen Sie Verkäuferinnen?«
»Nein, wir haben genug Personal.«
»Dann schicken Sie mir mal eine Verkäuferin, ich warte schon über eine halbe Stunde auf Bedienung!«

Hubert trifft seine Nachbarin. Sagt die Frau stolz: »Sie können mir gratulieren, ich bin heute Großmutter geworden.«
»Was?« ruft Hubert erschreckt, »und dann gehen Sie schon wieder spazieren?«

Müller wird ins Krankenhaus eingeliefert. Höflich stellt er sich seinem Bettnachbarn vor: »Gestatten, Anton Müller, Hepatitis.«
»Angenehm, Huber, Überholverbot.«

»Ich weiß wirklich nicht, woher unser Sohn all die schlechten Eigenschaften hat – von mir jedenfalls nicht.«
»Das glaube ich gerne, du hast ja schließlich die deinen noch...!«

*

Kennst du den Unterschied zwischen dummen und klugen Menschen?
Der Dumme verurteilt;
der Kluge beurteilt.

Eine Frau erscheint ganz aufgeregt auf der Polizeiwache: »Mein Mann ist seit gestern verschwunden.«
»Hm«, fragt der Polizist trocken, »wie sah er denn aus?«
»Eigentlich wie immer: blaues Hemd, graue Hose, schwarze Schuhe und eine rotgepunktete Schürze.«

Kennst du den Unterschied zwischen Bach, der viele Kinder hatte, und Kant, der keine hatte.
Bach kannte die Kunst der Fuge, Kant nur das Ding an sich.

Am Stammtisch. Sagt Schmitt zu seinem Freund: »Wenn deine Frau anfängt zu schimpfen, kriechst du doch immer unter den Tisch!«
»Das stimmt, aber ich mache ein freches Gesicht dabei.«

Ein Tourist begegnet einem Bauern, der eine Rolle Stacheldraht unter dem Arm trägt. Er fragt: »Machen Sie einen Zaun?«
Darauf der Bauer mürrisch: »Nein, einen neuen Pullover will ich mir stricken!«

»Ja, er sieht seinem Vater sehr ähnlich, aber solange er gesund ist, macht das ja nicht viel aus!«

Ehemänner befürchten, daß Ehefrauen untreu sind. Junggesellen hoffen es!

*

»Das Trinken scheint Ihre Schwäche zu sein«, sagt der Arzt nach der Untersuchung zu dem Patient.
Darauf dieser: »Im Gegenteil, Herr Doktor, das Trinken ist meine Stärke!«

*

Der Personalchef beim Einstellungsgespräch: »Wir haben nichts gegen Bärte und lange Haare, junger Mann, vorausgesetzt, Sie tragen sie nicht während der Arbeitszeit!«

*

In der Tierhandlung. »Ich nehme den Papagei dort drüben«, meint der Kunde zu dem Tierhändler und weist auf das schönere der beiden Tiere.
Der Verkäufer schüttelt den Kopf: »Tut mir leid, die kann ich nur zusammen abgeben.«
»Wieso?«
»Der eine spricht Spanisch, und der andere ist sein Dolmetscher.«

*

Treffen sich zwei Frauen auf einem Empfang. »Sie sind ohne Mann hier?«
»Ja, mein Mann trinkt nicht, raucht nicht, geht nicht aus.«
»Ein Mustergatte, was macht er denn statt dessen?«
»Schimpfen, daß andere Männer das dürfen!«

*

Kennst du den Unterschied zwischen früher und heute?
Früher hatten die Kinder Rotznasen;
heute haben die Rotznasen Kinder.

✽

Kennst du den Unterschied zwischen Frauen und Männern?
Frauen gehen mit der Mode, Männer mit Modellen.

✽

»Ich habe mit einem Freund gewettet, daß ich einen Monat lang tagsüber nichts essen und nachts nicht schlafen werde.«
»Und du hast die Wette natürlich verloren?«
»Im Gegenteil. Ich habe nachts gegessen und tagsüber geschlafen!«

✽

Kennst du den Unterschied zwischen Mann und Frau?
Eine Frau ist entsetzt darüber, was ein Mann alles vergessen kann;
ein Mann ist entsetzt darüber, an was alles sich eine Frau erinnern kann.

✽

Die Grafen Bobby und Rudi besuchen einen Botanischen Garten:
»Siehst du hier, Bobby, das sind junge Tabakpflanzen.«
»Und die Blumen daneben?«
»Das sind Primeln.«
»Aha«, sagt Graf Bobby, »ich versteh: aus denen wird wohl der Kautabak gewonnen, wie?«

✽

Kennst du den Unterschied zwischen einem Pinguin und einem Schornsteinfeger?
Der Pinguin hat eine weiße Weste und einen schwarzen Schwanz; der Schornsteinfeger hat eine schwarze Weste und um 17 Uhr Feierabend.

»Verdammt, es regnet immer noch!«

Im Laufe der Auseinandersetzung sagt Uli zu seiner Frau: »Als ich dich heiratete, war ich ein schöner Trottel!«
»Stimmt nicht«, gibt sie ruhig zurück, »schön warst du noch nie!«

*

Der Chef fragt seine neue Sekretärin: »Haben Sie heute abend Zeit?«
»Ja«, haucht sie errötend. »Dann werfen Sie zu Hause doch mal einen Blick in dieses Buch. Es heißt ›DUDEN‹!«

*

»Nun bewegt euch endlich mal«, ruft ein Zuschauer von der Tribüne seiner Fußballmannschaft zu, »ich stehe ja schneller, als ihr lauft!«

*

»Ich habe gehört, daß du geheiratet hast. Wie fühlt man sich denn so als Ehemann?«
»Immer jünger. Ich rauche schon wieder auf der Toilette!«

Kennst du den Unterschied zwischen dem Freund des Hauses und dem Hausfreund?
Der Freund des Hauses kommt, wann er will;
und der Hausfreund will, wenn er kommt.

»Um Himmels willen, hör endlich auf, mir alles zu erzählen!
Ruf sofort die Feuerwehr an!«

Kennst du den Unterschied zwischen Picknick und Panik?
So vier Wochen.

*

»Treffen wir uns?«
»Meinetwegen.«
»Und wo?«
»Mir egal!«
»Gut, aber sei pünktlich!«

*

Unterhaltung zwischen zwei Freundinnen: »Du warst schön dumm, daß du Leo den Laufpaß gegeben hast. Jetzt wird er mich heiraten.«
»Kein Wunder, als er mich verließ, sagte er, daß er zu jeder Wahnsinnstat fähig sei!«

*

Der Tourist fragt in Paris nach dem Eiffelturm. »Gehen Sie diese Straße entlang, dann zweimal rechts, und schon sind Sie da«, erklärt ihm ein freundlicher Franzose, »Sie können ihn gar nicht verfehlen, direkt daneben ist eine Würstchenbude!«

*

Kennst du den Unterschied zwischen einer erfahrenen und einer unerfahrenen Frau?
Der Unterschied besteht darin, daß die unerfahrene Frau den kleinen Unterschied nicht kennt;
die erfahrene weiß, wie man ihn größer macht.

*

Sagt der Chef zur Sekretärin: »Ich habe letzte Nacht von Ihnen geträumt, Frau Birnbach.«
»Wirklich?«
»Ja, Sie sollten sich schämen, mit einem verheirateten Vorgesetzten ins Bett zu gehen.«

✿

»Warum nennt man eigentlich einen Mann, dessen Frau verreist ist, Strohwitwer?«
»Weil er so leicht Feuer fängt.«

✿

Kennst du den Unterschied zwischen Armen und Reichen?
Der Reiche lebt, wie er will;
der Arme lebt, wie er kann.

✿

Kalubke kauft sich ein neues Auto. »Wie stellen Sie sich die Bezahlung vor?« fragt der Verkäufer.
»Zweihundert Mark Anzahlung, der Rest auf Zahlungsbefehl.«

✿

Die Ehefrau beklagt sich: »Ich verstehe dich nicht. Früher warst du glücklich, wenn du mich nur zwei Minuten gesehen hast.«
»Na und, daran hat sich ja auch nichts geändert.«

✿

»*Bist du sicher, daß dies das richtige Mittel gegen Ameisen ist?*«

Der Direktor ruft den Hausmeister zu sich. Ziemlich wütend sagt er: »Ich habe gehört, Sie sind heute nacht mit einer Schubkarre durch den Ort gezogen. Das gefällt mir aber gar nicht.«
Erwidert der Hausmeister: »Ich habe mir nicht anders zu helfen gewußt, Herr Direktor. Sie wollten so schnell wie möglich nach Hause, und ich konnte kein Taxi auftreiben…!«

✻

Kennst du den Unterschied zwischen deutschem und französischem Frühstück?
In Deutschland ist das Frühstück der Anfang eines mühseligen Tages;
in Frankreich ist es das Ende einer wunderbaren Nacht.

»Ach, ist der Sonnenuntergang nicht schön«, schwärmt die Ehefrau in dem kleinen Urlaubsort.
»Na ja«, brummt der Mann, »für dieses kleine Nest nicht schlecht!«

Beklagt sich der berühmte Nervenarzt bei seiner Frau: »Thea, ich bin total durchgedreht, ich muß dringend zu einem Psychiater.«
»Aber du bist doch Fachmann auf dem Gebiet.«
»Das schon, aber viel zu teuer.«

»Übrigens«, sagt die Tochter, nachdem ihr Vater den jungen Verehrer aus dem Haus gejagt hat, »das war der Sohn von deinem Chef!«

Kennst du den Unterschied zwischen Wohlstand und Rezession?
Wohlstand bedeutet Kaviar, Sportwagen und Freundin;
Rezession bedeutet billige Leberwurst, Fahrrad und Ehefrau.

Der Direktor der Großbank kontrolliert unangekündigt eine Filiale in der Provinz. Er findet den Schalterraum leer. Hinter einer Tür spielen drei Bankangestellte Karten. Sie bemerken den Direktor nicht. Dieser drückt voller Wut den Alarmknopf. Nichts geschieht. Erst einige Minuten später erscheint der Kellner des benachbarten Lokals und bringt für die Kartenspieler eine Runde Bier.

»Ohne Worte«

Kennst du den Unterschied zwischen einem Ehemann und einem Nebenbuhler?
Es gibt keinen. Beide haben dieselbe Frau.

✻

Huber sitzt in der Bar. Sein Nachbar öffnet eine Flasche Mineralwasser. Huber wird naßgespritzt. Der Mann entschuldigt sich. Huber: »Macht nichts, ich habe ja nichts in den Mund bekommen!«

✻

Klein-Erna zu ihrer Tante: »Sag mal, Tante Ilse, warum hast du eigentlich keine Kinder?«
Die Tante: »Weil mir der Klapperstorch keine gebracht hat.«
Klein Erna: »Ja, wenn du dich auf den verläßt...!«

✻

Der Forscher sagt am Geburtstag seiner Frau: »Liebling, ich habe ein Überraschungsgeschenk für dich.«
Die Gattin erwartungsvoll: »Was ist es denn, Schatzi?«
Der Forscher sagt stolz: »Ich habe eine neu entdeckte Virusart nach dir benannt.«

✻

»Hat Paul wirklich gesagt, daß Sie ein Dummkopf sind?«
»Nicht gerade wörtlich, er meinte aber, was die Intelligenz beträfe, könnten wir einander die Hand reichen!«

Kudde erkundigt sich in einem Eheanbahnungsinstitut nach einer Heiratsangelegenheit. »Ich hätte eine vorzügliche Partie für Sie«, meinte die Inhaberin, »eine Fabrikantentochter mit drei Millionen.«
»Könnte ich ein Bild von dieser Dame sehen?«
»Tut mir leid, mein Herr, aber über einer Million vermitteln wir nur noch ohne Bild!«

※

Kennst du den Unterschied zwischen Philosoph und Lebenskünstler?
Der Philosoph beschäftigt sich mit dem Kern der Sache;
der Lebenskünstler mit dem Fruchtfleisch.

※

»Das Leben ist schon hart«, stöhnt der Gast an der Theke, »ich hatte alles, was sich ein Mann wünschen kann. Geld, ein Haus, eine Jacht und die Liebe eines wunderbaren Mädchens, bis meine Frau dahinterkam!«

※

»Kann ich bitte Herrn Schweil sprechen, ich habe eine Rechnung für ihn...«
»Bedaure, Herr Schweil ist verreist!«
»... eine Rechnung, die ich bezahlen möchte!«
»Oh, ich sehe gerade, Herr Schweil ist wieder zurück!«

※

»*Ohne Worte*«

Unterhaltung eines Liebespaares: »Wenn wir erst verheiratet sind, werde ich all deine Sorgen mit dir teilen.«
»Aber ich habe doch gar keine Sorgen, Liebste.«
»Ich sagte doch, wenn wir verheiratet sind!«

*

Kennst du den Unterschied zwischen einem Mann in mittlerem Alter und einer Frau in mittlerem Alter?
Der Mann ist in den »besten Jahren«;
die Frau ist »nicht mehr die Jüngste«.

*

Kennst du den Unterschied zwischen einem 17 Monate alten Mädchen, einem 17jährigen Mädchen, einer 27 Jahre alten Frau und einer Frau von 37?
Das 17 Monate alte Mädchen legt man erst ins Bett, und dann muß man ihm ein Märchen erzählen.
Dem 17jährigen Mädchen muß man erst ein Märchen erzählen, und dann darf man es ins Bett legen.
Die 27jährige ist ein Märchen im Bett;
und die 37jährige sagt: Erzähl keine Märchen, komm ins Bett!

»Was schneiden Sie denn aus der Zeitung aus?«
»Einen Bericht über einen Mann, der seine Frau umgebracht hat, weil sie immer wieder seine Taschen durchstöbert hat.«
»Und was wollen Sie damit machen?«
»In meine Tasche stecken!«

Kennst du den Unterschied zwischen Sex und Leistungssport?
Es gibt keinen.

»Draußen ist der Bäcker mit der Rechnung. Er will nicht eher gehen, bis er sein Geld hat«, berichtet der Diener dem Grafen.
»Gut, Johann, dann machen Sie ihm das Gästezimmer zurecht!«

»Ich trage grundsätzlich nur Anzüge, die mindestens 600 Mark gekostet haben.«
»So, so, und bei welchem Aufschneider lassen Sie arbeiten?«

Zwei Nachbarinnen tratschen im Treppenhaus. Sagt die eine: »Mehr kann ich Ihnen über die letzten Ereignisse leider nicht berichten – ich habe jetzt schon mehr gesagt, als ich weiß!«

»Susi«, strahlt Else, »stell dir vor, was Fritz mir geschrieben hat: Wenn ich zurückkomme, werde ich das schönste Mädchen auf der Welt heiraten!«
»So eine bodenlose Gemeinheit«, entrüstet sich Susi, »wo der Schuft doch schon seit Jahren mit dir so gut wie verlobt ist!«

Kennst du den Unterschied zwischen einer Ehefrau und einer Geliebten?
Es ist der wie zwischen Tag und Nacht.

Kennst du den Unterschied zwischen einem Flugzeug und einer Hose?
Es gibt keinen. Beide müssen im Notfall runter.

»Ohne Worte«

»So, nun wollen wir mal«, meint der Zahnarzt lächelnd zu seinem Patienten, »als Mathematiklehrer haben Sie mir damals ja immer mangelnde Ausdauer vorgeworfen...«

*

»Ich habe Pech bei den Frauen«, seufzt Karl-Egon. »Gestern war ich mit Lisa in einem Restaurant. Sie fand eine Raupe auf ihrem Salat, rief den Kellner und sagte: ›Herr Ober, entfernen Sie sofort dieses Untier!‹
Da packte mich der Kellner und setzte mich vor die Tür!«

*

»Kläuschen, du bist jetzt 10 Jahre alt und kannst nicht mehr in meinem Bett schlafen.«
»Wieso, Papa schläft doch auch bei dir, und der ist viel älter.«

※

Ein Kunde in der Autowerkstatt: »Leider kann ich die Reparatur nicht sofort bezahlen, sondern erst in vier Wochen. Ist das zu machen?«
»Aber natürlich«, antwortet der Werkstattbesitzer.
»Prima«, freut sich der Kunde, »wann kann ich den Wagen abholen?«
»In einem Monat!«

※

»Was war denn das für ein Lärm draußen?«
»Ein Auto hat versucht in eine Querstraße einzubiegen.«
»Und deshalb der Krach?«
»Ja, da, wo er abbog, war nämlich keine Querstraße!«

※

Nachdem er das Unfallopfer untersucht hat, diktiert der Arzt die Diagnose: »Hautabschürfungen, die vierte und fünfte Rippe gebrochen. Prellungen an der rechten Schulter...« Er wendet sich der Patientin zu: »Wie alt sind Sie?«
»Einundzwanzig, Herr Doktor.«
»... und Gedächtnisstörungen.«

※

»Gestehen Sie, daß Sie Ihre Schwiegermutter vom Balkon gestoßen haben, Angeklagter?«
»Ja, Herr Richter, das stimmt, aber ich wollte mich nur überzeugen, ob Drachen wirklich fliegen können...«

✱

Wenige Minuten nachdem Feueralarm gegeben wurde, tritt ein Gast aus dem brennenden Hotel zu einer Gruppe von Leuten, die das Schauspiel von der Straße aus betrachten. »Es war kein Grund für mich zur Aufregung«, meint der Gast, »ich bin nach dem Feueralarm seelenruhig aus dem Bett gestiegen, habe mich angezogen und gekämmt. Als ich merkte, daß meine Krawatte schief gebunden war, habe ich sie wieder aufgeknotet und noch einmal gebunden. Es geht eben nichts über Kaltblütigkeit.«
»Großartig«, sagt ein Zuschauer, »aber sagen Sie mal, warum haben Sie sich eigentlich gar keine Hose angezogen?«

✱

Kennst du den Unterschied zwischen den verschiedenen Altersstufen der Frau?
Von 13 bis 18 gleicht sie Afrika – jüngfräuliches Gebiet, unerforscht.
Von 18 bis 30 gleicht sie Asien – heiß und exotisch.
Von 30 bis 40 gleicht sie Amerika – voll entdeckt und autark.
Von 40 bis 50 ist sie wie Europa – ausgeschöpft, aber nicht ohne interessante Punkte.
Ab 50 ist sie wie Australien –, jeder weiß, wo es liegt, aber keiner kümmert sich drum.

✱

Kennst du den Unterschied zwischen schreibenden und redenden Schwätzern?
Die schreibenden kann man weglegen. (Nach Klopstock)

»Herr Ober, mein Schnitzel ist zäh! Bringen Sie mir bitte sofort den Geschäftsführer.«
»Gern, aber ich warne Sie, der ist noch viel zäher!«

»Der bringt es fertig und macht von der Suppe eine chemische Analyse – bloß um uns zu sagen, daß sie ihm nicht schmeckt!«

Zwei Nachbarinnen wollen zusammen in den Urlaub fahren. Fragt die eine: »Kann ich mich auch darauf verlassen, daß Ihr Mann regelmäßig die Blumen gießt?«
»Keine Angst, der weiß, was es bedeutet, Durst zu haben!«

※

Kennst du den Unterschied zwischen einem Klugen und einem Dummkopf?
Der Kluge hat so viel zu denken, daß er keine Zeit hat zu reden; der Dummkopf hat so viel zu reden, daß er keine Zeit hat zu denken.

※

»Hören Sie mal«, sagt der Richter, »der Zeuge hat eine Riesenbeule am Kopf, und Sie behaupten, Sie hätten ihn nur mit geistigen Waffen bekämpft?«
»Hab' ich auch«, beteuert der Angeklagte: »Es war Goethes Faust!«

※

Kennst du den Unterschied zwischen Geschenk und Almosen?
Geschenke macht man, um jemand an sich heranzuziehen;
ein Almosen, um jemand loszuwerden.

※

Kunde: »Gibt es hier in diesem Saftladen auch Hundekuchen?«
Verkäufer: »Gewiß, der Herr. Soll ich es Ihnen einpacken, oder essen Sie ihn gleich hier?«

Ruft die junge Frau verzweifelt: »Wenn du mich nicht anhörst, werfe ich mich vor den Fünfuhrzug!«
»Um Himmels willen, Ilse, gib mit Bedenkzeit, notfalls kannst du ja noch den Achtuhrzug nehmen!«

✻

»Vati, warum steht auf der Siegessäule eine Frau und kein Mann?«
»Das wirst du erst begreifen, wenn du verheiratet bist!«

✻

Ein Vertreter haut in einem Schreibwarenladen auf den Putz: »Acht von zehn Deutschen benutzen diesen Kugelschreiber zum Schreiben!«
»Sehr schön. Und wozu benutzen ihn die restlichen zwei?«

✻

»Du Papi, gestern hat einer zu mir gesagt, daß ich dir sehr ähnlich sähe.«
Der Vater stolz: »Und was hast du geantwortet?«
»Nichts, der war nämlich sehr viel stärker als ich!«

✻

Kennst du den Unterschied zwischen chinesischen Sozialisten und russischen Sozialisten?
Die chinesischen sind gelber.

✻

»Nein! Nicht diesen Schalter!«

Ein General besichtigt die Truppe und bleibt vor einem Soldaten stehen. Er mustert ihn von Kopf bis Fuß und meint dann: »Na, mein Sohn, wie geht es?«
»Danke gut, Vater. Mutter sucht dich schon seit 21 Jahren!«

*

Klaus erzählt am Montag sein Abenteuer vom vergangenen Wochenende. »Um meine Frau nicht aufzuwecken, habe ich schon auf der Treppe meine Schuhe ausgezogen.«
»Und, hat es geklappt?« will man wissen.
»Nicht so ganz«, meint Klaus, »als ich oben ankam, war ich am Hauptbahnhof!«

*

Meint ein Pfarrer zu seinem Amtsbruder: »Wurde in deiner Kirche auch für die Armen dieser Welt gesammelt?«
»Ja«
»Und was hast du gegeben?«
»Die Genehmigung.«

❋

Kennst du den Unterschied zwischen den Frauen?
Es gibt nur zwei Sorten: Die einen, die sich vorher trauen, und die anderen, die sich vorher trauen lassen.

❋

Verlangt ein Reisender am Fahrkartenschalter: »Bitte eine einfache Fahrt nach Hamburg, mit Platzkarte. Aber ein Eckplatz in Fahrtrichtung, nicht über den Rädern, aber in der Nähe der Toilette...«
»Wird erledigt«, sagt der Schalterbeamte, »und sollen die Notbremsen in Kopf- oder in Hüfthöhe angebracht werden?«

❋

»Kann ich das Kleid im Schaufenster anprobieren?«
»Gern, aber wir haben im Geschäft auch Umkleidekabinen.«

❋

Rechtsanwalt zum Klienten: »Sie glauben also, daß Ihnen Ihre Frau untreu geworden ist? Womit begründen Sie diese Annahme?«
»Na ja, ganz sicher bin ich mir nicht, aber in den letzten drei Jahren ist sie nicht mehr nach Hause gekommen.«

❋

»Nett von Ihnen, junger Mann, daß Sie mir helfen wollen, meine Brille wiederzufinden...«

Eine Gruppe Schwaben macht eine Hochgebirgstour, und sie stürzen prompt in eine Gletscherspalte. Sofort steigt ein Trupp Bergwachtleute auf, um die Touristen zu befreien. Als sie die Gletscherspalte erreicht haben, beugt sich einer der Retter über den Abgrund und ruft hinunter: »Hier ist die Bergwacht.«
Ganz schwach hört man aus der Tiefe: »Mir gäbet nix.«

*

Ein Mann fährt auf das Gelände einer Tankstelle. Er sieht Angebote über Sonnenöl, Sandwiches, Limonade, Zigaretten und Eis. Besorgt fragt er: »Verkaufen Sie hier auch Benzin?«

✳

»Kennst du den Unterschied zwischen Johann und Richard Strauß?« wird Tünnes gefragt.
»Sicher«, sagt Tünnes, »nur eins ist mir noch nicht klar: Wer von beiden hat den Kopf in den Sand gesteckt?«

✳

Am ersten Feiertag sitzt man beim Kaffee. Die Ehefrau erzählt stolz: »Mein Mann hat mir eine Kaffeemaschine geschenkt.«
Der Besucher nippt an dem hellbraunen, lauwarmen Getränk und meint: »Die ist wohl für Schwachstrom?«

✳

Vater hat sein Töchterchen ausgeschimpft. Die Kleine rennt zur Mutter und schluchzt: »Papa ist schrecklich! War das wirklich der einzige Mann, den du kriegen konntest?«

✳

»Was tun Sie gegen Ihre Erkältung?« fragt der Arzt.
»Ich trinke jeden Abend drei steife Grogs.«
»Das genügt nicht.«
»So? Wieviele sollen es denn sonst sein?«

✳

Ein Baumeister hat seinem Sohn monatelang Bauten gezeigt und ihm alles erklärt. Der Kleine ist ganz beeindruckt. Eines Abends nun wollen Vater und Mutter ausgehen. »Wo bleibt denn nun die Mutter?« ruft der Baumeister.
»Sie muß gleich kommen«, entgegnet der Sohn, »im Rohbau ist sie schon fertig. Es fehlt nur noch der Anstrich!«

✽

Die sechsjährige Judith zeigt ihrer Mutter ein Bild: »Sieh mal, ich habe den lieben Gott gemalt.«
»Aber wir wissen doch gar nicht, wie der aussieht.«
»Nun wißt ihr es!«

✽

Neureichs haben einen Bauernhof gekauft. Fragt der Nachbar: »Legen denn die Hühner auch?«
»Das haben unsere nicht nötig.«

✽

»Ist es nicht schlimm, wie schmutzig sich die Kinder auf der Straße machen?«
»Das kann man wohl sagen. Gestern mußte ich vier Buben abschrubben, bevor ich meinen herausgefunden habe.«

✽

Unterhalten sich zwei Eskimokinder auf dem Weg zur Schule: »Du, heute haben wir 15 Grad unter Null. Vielleicht bekommen wir hitzefrei!«

✽

Schulze kommt mit einiger Verspätung zum Stammtisch. »Ich habe es heute mit einer Münze entschieden, ob ich komme oder nicht«, erzählt er.
»Und warum hat es so lange gedauert?« fragt einer der Stammtischbrüder.
»Nun, ich mußte schließlich fünfzehnmal werfen!«

*

Ein Berliner Zeitungsjunge wird mit seinem Fahrrad von einem anderen jugendlichen Radfahrer gerammt. Beide stürzen. Der Zeitungsjunge steht wieder auf, biegt seine Speichen zurecht, sammelt die Zeitungen auf, schwingt sich wieder auf sein Rad und ruft dem anderen zu: »Du, ick hab' jetzt keene Zeit, hau dir selber eene runta!«

*

Die Mutter zu ihrem Sprößling sauer: »Karlchen, Papi und ich sind uns darüber einig, daß du für dein Benehmen heute eine Tracht Prügel verdient hast.«
»Natürlich«, meint der Kleine, »wenn ihr euch schon mal einig seid, muß ich darunter leiden!«

*

»Zugegeben, ich kniete auf der Autobahn, aber damit ist noch lange nicht bewiesen, daß ich betrunken war!«
»Nicht unbedingt«, räumte der Richter ein. »Aber wie erklären Sie sich, daß Sie versucht haben, den Mittelstreifen aufzurollen?«

*

Kennst du den Unterschied zwischen einem verklemmten und einem tugendhaften Menschen?
Der ist nicht groß. Viele Menschen stilisieren ihre Verklemmtheit zur Tugend.

✱

Es kommt überraschend Besuch. Die Mutter meint zu der kleinen Tochter: »Ob unser Kuchen wohl langt?«
Da meint die Kleine ganz ernsthaft: »Mami, wenn sich jeder geniert, dann reicht es bestimmt!«

»Du darfst sie nicht enttäuschen! Sie haben alles stehen und liegen lassen, bloß damit du ihnen die Geschichte von deinem Unfall erzählst!«

Kennst du den Unterschied zwischen Theorie und Praxis auf Kuba?
Theorie ist Marx;
Praxis ist Murks.

✽

Mit zitternden Händen rasiert der Friseur den Pfarrer. Als er den Geistlichen zum dritten Mal schneidet, sagt dieser vorwurfsvoll: »Das kommt vom Saufen, mein Bester.«
»Ja, das stimmt, Hochwürden«, antwortet der Friseur, »davon wird die Haut so spröde!«

✽

Sie schluchzt: »Du hast das Versprechen nicht gehalten, das du mir gegeben hast!«
»Weine nicht, Liebling, du kannst sofort ein neues haben.«

✽

Der Vater zeigt Fotos. »Dies hier ist eine Momentaufnahme von meiner Schwiegermutter.«
»Woran erkennst du, daß das eine Momentaufnahme ist?«
»Weil sie in dem Moment den Mund hält.«

✽

Die Gastgeberin sagt zu ihrem Tischnachbarn: »Stehen Sie eigentlich mit meinem Mann in geschäftlicher Verbindung?«
»Nein.«
»Dann nehmen Sie die Hand von meinem Knie.«

✽

Kennst du den Unterschied zwischen einem Heiligen und einem Sünder?
Solange der Heilige lebt, weiß er, daß er sündigt; und solange der Sünder sündigt, weiß er, daß er lebt.

*

In einem Beichtstuhl sitzend hat der geknickte Taschendieb dem Beichtvater die goldene Uhr aus der Tasche gezogen, während dieser noch nach seinen Sünden fragt. »Ich habe gestohlen«, sagt der Dieb.
»Was hast du denn gestohlen?«
»Eine goldene Uhr.«
»Dann mußt du sie dem Besitzer zurückgeben.«
»Hier ist sie, ich gebe sie Ihnen.«
»Nein, mir nicht, du mußt sie dem Bestohlenen zurückgeben.«
»Dem habe ich sie schon angeboten. Er will sie nicht nehmen.«
»Ist das wirklich wahr?«
»So wahr ich hier knie, Hochwürden.«
»Dann darfst du sie behalten. Du siehst, es gibt doch noch großherzige Christenmenschen.«

*

»Angeklagte, Sie haben sich in der käuflichen Liebe betätigt?«
»Gelogen, alles gelogen«, behauptet die Kleine. »Von Kaufen kann keine Rede sein, ich habe nur eine gewisse Leihgebühr erhoben.«

*

Sagt der Richter zur Zeugin:
»Sie haben ja nun ein falsches Alter angegeben.«
»Kein falsches, Herr Richter, nur eins von früher!«

»Einen Augenblick, Mutti! Susi will mir gerade zeigen, wie die Schweine ihre kleinen Ferkel produzieren!«

In dem Urlaubsort gibt es auch einen Dorftrottel. Die Gäste machen ein Experiment mit ihm: Sie halten ihm ein Zweimark- und ein Fünfmarkstück hin. Der Dorftrottel greift jedesmal gierig nach dem Zweimarkstück, weil er offensichtlich den Unterschied nicht kennt. Ein Urlaubsgast hat Mitleid mit ihm und fragt: »Warum nimmst du denn immer das Zweimark- und nicht das Fünfmarkstück?« Scheu sieht sich der Dorftrottel um, dann flüstert er: »Wenn ich das Fünfmarkstück nehme, machen sie es nicht mehr mit mir!«

✳

Der Ehekrach ist in vollem Gange. Schluchzt sie: »Um dich zu heiraten, habe ich sogar mein Studium aufgegeben.«
Kontert er: »Ich nehme an, es war das Studium der Kochkunst!«

*

»Angeklagter, sind Sie vorbestraft?«
»Na klar, schließlich bin ich kein Kind mehr.«

*

»Angeklagter, geben Sie zu, den Kläger ein dummes Schwein genannt zu haben?«
»Erinnern kann ich mich nicht, Herr Richter, aber je länger ich ihn mir so ansehe...«

*

»Sie haben dem Kläger bei der Schlägerei das Nasenbein und vier Zähne eingeschlagen, obwohl er nur unbeteiligt zusah. Was haben Sie zu Ihrer Verteidigung zu sagen?«
»Er stand so günstig, Herr Richter!«

*

Richter zum Angeklagten: »Sie stehen in dem Ruf, einen sehr schlechten Umgang zu haben.«
»Jawohl, das ist wahr. Nur Staatsanwälte, Richter und Polizisten!«

*

Sagte der Verteidiger zum verurteilten Angeklagten: »Jetzt sitzen Sie erst mal Ihr ›Lebenslänglich‹ ab, und dann reden wir weiter.«

✻

Knacker-Ede ist wieder mal im Knast gelandet. Eines Tages kommt ein Neuer zu ihm in die Zelle. »Wer bist du denn?« fragt der Neue. Sagt Ede: »234 345 98 – aber du darfst ruhig ›98‹ zu mir sagen!«

✻

Er schrieb aus dem Gefängnis:
»Und zum Frühjahr, meine Liebe, schicke mir bitte ein paar Feilchen!«

✻

»Und wann haben Sie gemerkt, daß Ihr Mann Sie nicht mehr liebt?« fragt der erfolgreiche Scheidungsanwalt.
»Das war«, schluchzt Frau Meier, »als ich die Kellertreppe runterfiel, und mir mein Mann zurief, wenn ich schon mal unten sei, dann könnte ich eine Flasche Bier mitbringen.«

✻

Der Richter nach Beendigung des Plädoyers zum Verteidiger:
»Wenn ich Sie richtig verstanden habe, soll ich den Angeklagten jetzt heilig sprechen...«

✻

»Besuch!« sagt der Gefängniswärter. »Ihre Frau ist gekommen.«
»Welche?« fragt der Häftling bedrückt.
»Mann, Sie wollen mich wohl auf den Arm nehmen?«
»Aber nein, bestimmt nicht – ich sitze doch wegen Bigamie!«

*

Ein Betrunkener versucht mit seinem Schlüssel einen Laternenpfahl aufzuschließen.
Ein Passant meint: »Bemühen Sie sich nicht. Da wohnt keiner.«
»Unsinn, im ersten Stock brennt doch Licht.«

»Was schleppst du denn alles auf deinem Rücken – ich habe dir doch gesagt, du sollst nur das Allernötigste mitnehmen!«

»Nun hör schon auf mit der dauernden Fragerei!« sagt der Gefängniswärter am Neujahrsmorgen zum Häftling. »Ich sage dir schon rechtzeitig, wann 1997 ist!«

❋

Busfahrer Cris Caplan in Los Angeles wurde zu zehn Dollar Strafe verurteilt, weil er eine Jugendliche veranlaßt hatte, sich mit ihm einen Film anzusehen, der nur für Erwachsene bestimmt war. Mr. Caplan gab dem Richter zu bedenken: »Die fragliche Dame ist zwar erst 16 Jahre alt, aber sie ist meine Frau und erwartet demnächst ein Kind...«

❋

Richter: »Sind Sie sicher, daß der Angeklagte betrunken war, als Sie ihn in der Dämmerung trafen?«
»Zeuge: »Ja, er ging zu einem Glühwürmchen und bat um Feuer.«

❋

Der Angeklagte wird vor Gericht vernommen. »Haben Sie denn schon früher einmal ein Autounglück gehabt?«
»Wie man's nimmt... ich habe meine Frau in einem Parkhaus kennengelernt.«

❋

»Es tut mir leid, Herr Müller, daß ich nicht mehr für Sie erreichen konnte«, sagt der Verteidiger nach der Gerichtsverhandlung.
»Vielen Dank! Drei Jahre genügen mir völlig!«

❋

Schrieb ein kleines Mädchen an seinen Vater im Gefängnis: »Lieber Papa, nun bist du schon seit vier Jahren im Gefängnis. Mutti hat wieder ein Baby bekommen. Aber leider bleibt es trotz des Badens immer schwarz!«

*

Der Exhäftling flirtet heftig mit der hübschen Sozialhelferin, doch sie wehrt energisch ab: »Ich will Ihnen doch nur helfen, auf den Pfad der Tugend zurückzufinden.«
»Sie sind mir vielleicht eine«, erwidert der Mann, »dabei sagten Sie mir gestern, Sie wollten mir bei der ›Eingliederung‹ helfen!«

*

Der neue Gefängnisdirektor begrüßt die Häftlinge: »Das eine will ich euch sagen, bei mir heißt es parieren. Ordnung geht über alles. Wer nicht spurt, fliegt raus!«

*

Ganoven-Ede zeigt seinem Knastbruder ein Foto seines Söhnchens. Staunt dieser: »Ein Prachtkerl! Und sitzen kann er auch schon!«

*

»Wie alt sind Sie?« fragte der Richter die Zeugin. »Ich zähle dreißig Jahre«, lispelt die junge Dame.
»Schön«, meint der Richter, »nun sollte ich aber noch wissen, wieviel Jahre Sie nicht zählen!«

*

Sagt der Richter zu der Angeklagten: »Sie werden beschuldigt, Ihren Mann tätlich angegriffen und erheblich verletzt zu haben. Was sagen Sie dazu?«
»Ich bin unschuldig, Euer Ehren! Ich mußte doch einfach zuschlagen, weil er mich mit einem obszönen Ausdruck beschimpft hat.«
»Was hat er gesagt?«
»Er hat mich eine billige Fünfmarknutte genannt!«
»Und womit haben Sie ihn geschlagen?« will der Richter wissen.
»Mit einem Sack!«
»Nur mit einem Sack?
»Was war denn drin im Sack?«
»Fünfmarkstücke!«

*

Beim Gerichtstermin sagt der Richter zu einem Zeugen: »Herr Zeuge, es interessiert mich nicht, was Sie denken. Wir wollen von Ihnen nur Tatsachen hören!«
Beleidigt antwortet der Zeuge: »Herr Richter, ich kann nicht reden, ohne vorher zu denken. Schließlich bin ich ja kein Jurist!«

*

Der Scheidungsanwalt fragt Frau Kramer: »Und wann haben Sie das erste Mal Krach mit Ihrem Mann gehabt?«
»Das war, als er unbedingt mit aufs Hochzeitsfoto wollte...«

*

Richter zum Angeklagten: »Sie können wählen zwischen drei Wochen Gefängnis oder dreihundert Mark.«
Angeklagter: »Herr Richter, dann nehme ich natürlich das Geld!«

»Wo wohnt Ihr Ehemann jetzt?« fragt der Anwalt die Klientin.
»Der ist vor elf Jahren gestorben.«
»Sie sagten aber doch, Sie hätten noch zwei kleine Kinder!«
»Ich sagte aber auch, daß mein Mann vor elf Jahren gestorben ist, nicht ich!«

*

Der Richter fragt den etwas dümmlichen Angeklagten: »Wann sind Sie geboren?«
»Es muß so in den dreißiger Jahren gewesen sein, meine Mutter lebte auf jeden Fall noch!«

*

Fragt der Richter: »Zeugin, haben Sie mit dem Angeklagten korrespondiert?«
Da wird die Zeugin ganz rot und meint verlegen: »Nein, ich habe nur brieflich mit ihm verkehrt!«

*

Der Richter zu der hübschen Dagmar: »Hoffentlich haben Sie meine Fragen nicht aus der Fassung gebracht!«
»Keinesfalls, Herr Richter, Sie müssen wissen – ich bin Kindergärtnerin!«

*

Richter: »Haben Sie den Streit vom Zaun gebrochen?«
»Den Streit nicht, Herr Richter, nur die Latte.«

*

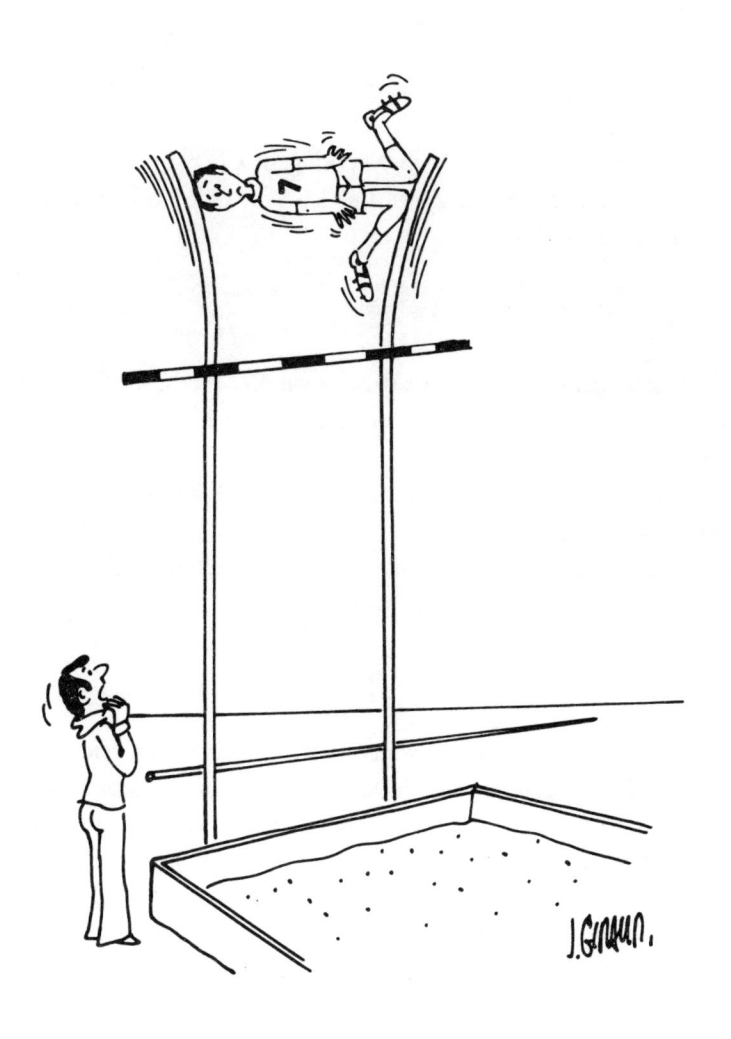

»Ohne Worte«

»Wissen Sie, was Sie sich mit Bigamie einhandeln?« fragt der Richter.
»Ja, Herr Rat! Zwei Schwiegermütter!«

*

»Warum wollen Sie Frau Weber verklagen?«
»Sie hat gesagt, ich sei eine Ziege, und ich habe viele Zeugen, die das beweisen können!«

*

Ein Angeklagter wird vor den Richter geholt. »Habe ich Sie nicht schon einmal gesehen?« fragt der Richter. »Sie kommen mir so bekannt vor.«
»Aber ja«, sagt der Angeklagte. »Ich habe doch Ihrer Frau Gesangsunterricht erteilt.«
Da brummt der Richter: »Mann, Sie werden so schnell nicht wieder herauskommen!«

*

»Also, wenn ich das richtig sehe, brauchen wir dem Gericht nur glaubhaft zu machen, daß der Radfahrer, den Sie umgefahren haben, ganz plötzlich mit 150 Stundenkilometern über die Kreuzung schoß, auf der Ihnen der von rechts herangelaufene riesige Hund die Sicht total versperrte, denn sonst hätten Sie doch die dicke Eiche gesehen, die allerdings weder Hupe noch Blinklicht betätigte, als Sie den Radfahrer mit Ihrem Auto dagegen schleuderten, nicht wahr?«

*

In einem Prozeß in einer kleinen Provinzstadt hatte sich eine Partei einen ganz berühmten und gerissenen Anwalt aus der Landeshauptstadt kommen lassen. Ein Gegner dieser Berühmtheit, ein unbekannter Anwalt aus der Provinzstadt, begann sein Plädoyer folgendermaßen: »Hohes Gericht! Wenn jemand leicht erkrankt ist, holt man sich Rat von einem Apotheker. Ist die Krankheit etwas ernster, schickt man nach dem Hausarzt. Ist der Zustand des Kranken aber hoffnungslos, dann holt man eine Kapazität aus der Landeshauptstadt.«

*

Klein-Petra wird als Zeugin vor Gericht vernommen. »Wie heißt du?«
»Petra Müller.«
»Wie alt?«
»Elf Jahre.«
Religion?«
»Gut.«

*

»Angeklagter, geben Sie zu, dem Zeugen auf den Kopf geschlagen zu haben?«
»Ja, ich gebe es zu, aber die krummen Beine hatte er schon vorher!«

*

»Ich habe den Einbruch wirklich nicht auf dem Gewissen, Herr Richter!«
»Man hat aber Ihre Fingerabdrücke gefunden, Angeklagter.«
»Ausgeschlossen. Ich hatte ja Handschuhe an!«

*Zwei Freunde angeln an einer einsamen Stelle eines Sees.
Sie angeln nacheinander: ein Sieb, einen verbeulten Teekessel,
einen Kochtopf und einen Schuh. Da meint der eine zum anderen:
»Komm schnell weg hier, da unten wohnt jemand!«*

Beim Verkehrsrichter: »Ich bin wirklich keine 80 Stundenkilometer gefahren, höchstens fünfzig, vielleicht auch nur 30. Ich stand ja schon fast, als mich der Streifenwagen anhielt.«
»Halt!« unterbricht ihn der Richter, »nicht weiter, sonst fahren Sie noch rückwärts irgendwo rein!«

✱

Der Richter erhebt sich feierlich vom Stuhl: »Da hat der Angeklagte in gewalttätiger Art und Weise...«
Unterbricht wütend der Angeklagte: »Herr Richter, wenn Sie noch mal sagen, ich sei gewalttätig, schlage ich hier alles kurz und klein!«

*

»Sie geben also zu, Ihren Gatten erschossen zu haben...?«
»Wissen Sie, Herr Richter, das war so: Mein Mann behauptete, tot umfallen zu wollen, wenn er mich schon einmal betrogen hätte – von allein fiel er aber nicht...!«

*

Schrieb Herr Seibel ans Gericht: »Seit der Trennung von meiner Frau wird der jetzt notwendige Verkehr durch unseren Rechtsanwalt erledigt!«

*

Der Wirt fragte Frau Müller: »Wollen Sie unsere schöne Feier schon verlassen?«
»Ja, es wird höchste Zeit, denn mein Mann fängt gerade an, die Weintrauben mit dem Nußknacker zu öffnen!«

*

»Junger Mann«, sagte der Ober zum Gast, »ich habe schon Eier gekocht, als Sie noch in den Windeln lagen!«
»Mag sein«, sagte der Gast, »aber warum servieren Sie sie dann erst jetzt?«

*

»Was war eigentlich das schönste Erlebnis im Skiurlaub«, wird Anton am Stammtisch gefragt.
»Solange, bis der Gips wieder runterkam, saß ich immer in der Kneipe.«

*

Schweigend sitzt Neumann an der Theke seiner Stammkneipe. Plötzlich hebt er den Kopf: »Ein Erdbeben hat die Stadt Prztschwadsjopians verwüstet!« sagt er zu Bernd.
»Ist sehr schrecklich«, sagt der, »und wie hieß die Stadt vor dem Erdbeben?«

*

Sitzen zwei Freunde am Stammtisch. Sagt der eine: »Wußtest du, daß Küssen blind macht?«
»Nee, wieso denn das?« fragt der andere.
»Ja, ich habe gestern ein achtzehnjähriges Mädchen geküßt und kann heute meine Frau nicht mehr sehen!«

*

Vergeblich versucht ein Betrunkener mit einem Zahnstocher eine Olive aus seinem Martiniglas herauszufischen. Nach einiger Zeit wird der Barkeeper nervös, nimmt den Zahnstocher und holt sie mit einem einzigen Stich aus dem Glas.
»So geht das, mein Lieber!«
»Kunststück«, murmelt der Betrunkene, »jetzt wo ich sie mürbe gemacht habe.«

*

Sie saßen zusammen in Jonnys Bar. Der eine seufzt: »Die moderne Technik kostete mich zwei Jahre meines Lebens.«
»Hast du Experimente gemacht, die mißglückt sind?«
»Sehe ich so aus?« winkt der andere ab, – aber sie haben mein Bild im Fernsehen gebracht, und da hatten sie mich bereits nach zwei Tagen.«

*

Cowboy Jonny kommt aufgebracht in den Saloon:
»Wo ist mein Pferd?«
Keiner rührt sich. »Wenn mein Pferd nicht sofort wieder auftaucht, dann passiert das gleiche wie damals in Cansas City!«
Jonny geht an die Bar, und tatsächlich, kurze Zeit später ist das Pferd wieder da.
Fragt ihn der Barkeeper leise hinter vorgehaltener Hand:
»Was ist denn damals in Cansas City passiert?«
»Da bin ich einfach zu Fuß weitergegangen!«

*

Egon sitzt im Lokal und stochert wie besessen auf dem Teller herum. Fragt der Wirt: »Was machen Sie denn da?«
»Das sehen Sie sicher doch, Schnitzeljagd!«

*

Ein Betrunkener kommt aus der Wirtschaft, steht vor seinem Spiegel und unterhält sich. Nach einer Weile schimpft er den Spiegel an: »Du dämlicher Hund!« und schlägt zu. Das Glas klirrt. Entschuldigt sich der Betrunkene: »Oh, Verzeihung, aber ich wußte nicht, daß Sie Brillenträger sind!«

»Vorsicht bei der Suppe«, sagt der Ober zum Gast,« die ist so heiß, daß ich mir den Daumen verbrannt habe!«

*

Der Ober stellt die Rechnung aus: »Hatten Sie eine Zigarre zu vierzig Pfennig oder zu einer Mark?«
»Das weiß ich nicht mehr!«
»Dann war's die zu einer Mark«, sagt der Ober, »die zu vierzig Pfennig vergißt man nicht!«

*

Klagt ein Mann an der Bar: »Meine Frau versteht mich nicht.«
Fragt die Bardame: »Wieso, sind Sie mit einer Ausländerin verheiratet?«

*

Ein Gast zum Ober: »Ich möchte sofort den Geschäftsführer sprechen, ich habe einige Beschwerden!«
»Mein Herr, wir sind ein Restaurant und keine Arztpraxis!«

*

Emil, der Meteorologe, und sein Freund sitzen abends in der Stammkneipe. »Stell dir vor, ich werde versetzt«, sagte der Meteorologe seinem Freund.
»Überrascht mich nicht sonderlich«, erwidert der und nimmt einen Schluck Bier, »ich habe schon lange bemerkt, daß das hiesige Wetter nicht deiner Meinung ist!«

*

Herr Eger am Stammtisch: »Ich frühstücke nur mit meinem Kanarienvogel:
Er ein Körnchen, ich ein Körnchen – bis wir beide singen!«

*

Tourist fragt den Kellner: »Regnet es hier viel?«
»Das weiß ich nicht, an diesem Tisch bedient mein Kollege!«

»Ich wollte Ihnen nur mitteilen, daß die Feuerwehr gerade Ihre
›leichte Bewölkung‹, aus meinem Keller pumpt.«

»Mutti«, sagt Fritzchen, »schau mal, da ißt ein Mann die Suppe mit der Gabel.«
»Sei still!«
»Mutti, jetzt trinkt er aus der Blumenvase.«
»Du sollst still sein!«
»Aber Mutti, jetzt ißt er sogar den Bierdeckel!«
»Dann gib ihm jetzt seine Brille zurück, damit endlich Ruhe ist!«

※

Das Ehepaar sitzt in einem Hotel am Luganer See. Er sitzt genießerisch in einem Sessel und trinkt einen Schoppen Wein nach dem anderen.
»Muß das sein?« fragt seine Frau mißbilligend.
»Ja, das muß sein. Die Gegend ist so wundervoll, daß ich sie gern doppelt genieße!«

※

Meint der Hotelier: »Wie es scheint, fühlen Sie sich bei uns wie zu Hause?«
»Stimmt, woran haben Sie denn das bemerkt?«
»An Ihrem schlechten Benehmen!«

※

Ein Mann prahlt in der Wirtschaft: »Täglich sehe ich viele nackte Beine und Brüste.«
Einer der es hört, fragt neidisch: »Sie arbeiten wohl in einer Revue?«
»Nein, in eine Hendlbraterei!«

※

»Nein, mein Herr, haben wir nicht«, sagt der Hotelportier telefonisch zum Urlauber.
Von weitem schaltet sich der Direktor ein: »Natürlich haben wir das!«
Der Gast legt auf.
»Was wollte er denn?«, fragt der Direktor.
»Er fragte, ob wir viel Regen haben!«

*

Zwei Wermutbrüder finden einen Zehnmarkschein. »Prima, dafür kaufen wir uns drei Pullen und zwei Brötchen!«
»Was bist du doch verfressen!«

*

»Man kann alles, wenn man will«, prahlt Hans am Stammtisch.
»So«, fragt sein Kumpel Wilhelm, »dann versuche doch mal eine Drehtür zuzuschlagen!«

*

»Bitte keinen Kaffee!« sagt der Zecher. »Der wirft mich um Stunden zurück!«

*

Ein Abgeordneter speist in einem Lokal. »Wie schmeckt der falsche Hase?« fragt der Wirt.
»Es geht«, meint der Abgeordnete, »aber die eingeweichten Brötchen haben die absolute Mehrheit!«

*

»Wir haben jetzt auch ein Farbfernsehgerät. Vierzig mal sechzig.«
»Bildschirmgröße?«
»Nein. Raten.«

Hochzeitsessen im Luxusrestaurant. Dem achtjährigen Max fällt auf, daß alle essen und trinken, daß aber niemand bezahlt. Er fragt seinen Vater: »Wer zahlt denn das alles?«
»Die Mutter der Braut, die Frau da drüben!«
»Ach so, deshalb hat die in der Kirche so geweint.«

*

Fragt ein Mann an der Bar einen anderen: »Haben Sie Ihre Frau wegen ihrer bezaubernden Grübchen geheiratet?«
»Nein, wegen der bezaubernden Gruben ihres Vaters!«

✻

»Wie teuer ist bei Ihnen ein Hotelzimmer?«
»Nun, das kommt immer auf die Lage an«, meint der Portier.
»Oh, das ist bei mir kein Problem, ich schlafe immer auf dem Rücken!«

✻

Die Ehefrau strahlt: »Ernst, stell dir vor, wie aufmerksam das Hotel ist, in dem du während deiner Geschäftsreise gewohnt hast. Es hat mir jetzt ein zauberhaftes Nachthemd geschenkt!«

✻

Prahlt Lehmann in der Kneipe: »Ich kann Französisch, Griechisch, Spanisch, Englisch und Chinesisch!«
»Sprechen?«
»Nein, essen!«

✻

»Wird uns der Hotelportier nicht ansehen, daß wir nicht verheiratet sind?«
»Keine Spur, du trägst die Koffer, dann hält er uns für ein Ehepaar!«

✻

Ein Gast schlägt beim Verlassen des Lokals die Tür hinter sich zu. Sie geht wieder auf. Er probiert es noch einmal. Die Tür geht wieder auf.
Da erscheint im Türrahmen ein Zweizentnermann und sagt: »Solange ich meinen Daumen dazwischenhalte, bringen Sie die Tür nie zu!«

✱

»Herr Ober, kommen Sie auch zu mir...?«
»Bedaure, Hausbesuche sind uns untersagt!«

✱

Der Kellner beobachtet einen Gast, der sich unter lauter Geklapper bemüht, den Rest seiner Suppe aus dem Teller zu löffeln. »Wünschen Sie ein Stück Löschpapier?«

✱

»Ich habe keine Angst vor meiner Frau«, erklärt der Stammtischbruder, »gestern nacht habe ich bis sechs Uhr morgens vor der Haustüre gesessen, und sie hat sich nicht rausgetraut!«

✱

Zwei Cowboys treffen sich im Saloon. »Du bist aber in letzter Zeit ziemlich hochnäsig geworden, Bill«, knurrt der eine.
»Wieso?«
»Als ich gestern auf dich schoß, hast du dich nicht einmal umgedreht!«

✱

An der Costa Brava geht der Boy mit einer Klingel durch die Halle und ruft: »Telefon für Herrn Brfczykprzekonovsky!«
Steht ein Mann auf und fragt: »Welcher Vorname, bitte?«

*

Der Stammgast zum Barkeeper: »Das ist einer der schönsten Augenblicke des Tages, zu spät, um ins Büro, und viel zu früh, um nach Hause zu gehen!«

*

»Herr Ober, haben Sie kalte Rippchen?«
»Nein, mein Herr, ich trage Rheumawäsche!«

*

Ein ärgerlicher Gast: »Das Essen schmeckt mir nicht, Herr Ober, holen Sie mir mal den Geschäftsführer.«
»Das bringt nichts, dem schmeckt es ja auch nicht!«

*

Jonny kommt wutentbrannt in den Saloon. »Wer war das? Wer hat mein Pferd mit grüner Farbe bestrichen?«
Aus einer Ecke kommt ein Hüne grinsend näher: »Ich war das, mein Junge. Willst du noch etwas sagen?«
Der Cowboy, blaß geworden: »Ich wollte bloß noch sagen, wenn Sie es lackieren wollten, der erste Anstrich ist jetzt trocken.«

*

Wirt zum Gast: »Hat es Ihnen geschmeckt?«
»Beinahe – wenn die Suppe so warm gewesen wäre, wie der Wein, der Wein so alt wie das Huhn und das Huhn so groß wie das Loch in der Tischdecke – dann wäre es ein tolles Essen gewesen!«

✻

»Wünschen Sie nach der Karte zu speisen?« fragt der vornehme Ober.
»Nein, danke. Ich speise nach dem Kalender, bitte eine Bockwurst.«

»Mein Mann hat sich das Rauchen abgewöhnt.«
»Donnerwetter, dazu gehört aber Willenskraft!«
»Die habe ich!«

Norbert Neuschnee erzählt strahlend am Stammtisch: »Ab nächsten Montag wird bei uns die 35-Stunden-Woche eingeführt.«
»Mensch, habt ihr aber einen noblen Chef!«
»Ach was – der darf das gar nicht erfahren...«

✽

Der Restaurant-Chef trommelt seine ganzen Kellnerinnen zusammen: »Aufgepaßt, Mädels, heute erstklassige Frisur, tolles Make-up und besonders liebenswürdig sein.«
»Was ist denn los?« fragt die eine.
»Das Fleisch ist zäh!«

✽

»Herr Ober, in meiner Suppe schwimmt eine Fliege!«
»Ja, seit Michael Groß soviel Gold gewinnt, trainieren alle wie verrückt.«

✽

Hubert macht Urlaub in einem sehr guten Hotel. Als er sich ins Gästebuch einträgt, sieht er hinter einem anderen Namen den Zusatz MdB. »Was heißt das?« fragt er.
Der Hotelportier sagt freundlich: »Das heißt Mitglied des Bundestages.«
Darauf schreibt Hubert hinter seinen Namen MdO.
»Und was heißt das?« will der Portier wissen.
Hubert: »Mitglied der Ortskrankenkasse!«

✽

In einem Gasthof pickt ein Huhn am Schuh eines Gastes. Meint der: »Hau ab – oder ich bestell dich!«

✸

»Herr Wirt, ich hätte eine Idee, wie Sie den Bierumsatz verdoppeln können!«
»Interessant, wie denn?«
»Schenken Sie doch mal die Gläser richtig voll!«

✸

Die Wirtin bringt dem Gast den Kaffee. Der Gast meint: »Sieht nach Regen aus...«
»Jaja, murmelt die Wirtin, »aber ein bißchen schmeckt er auch nach Kaffee!«

✸

»Herr Ober, auf meinem Schnitzel liegt ja ein riesengroßer Zahn! Was hat denn das zu bedeuten?«
»Aber, mein Herr, Sie haben doch selbst gesagt, ich solle einen Zahn zulegen!«

✸

»Was, Sie verlangen 40 Mark für ein Zimmer?« empört sich der Gast beim Wirt der Skiherberge.
»Sie sagten doch, Sie hätten Zimmer für 25 und 15 Mark!«
»Sicher! Wissen Sie denn nicht, wieviel 15 und 25 sind?«

✸

Im Offizierskasino klopft der Major an sein Glas. Die Gespräche verstummen. Sagt der Major stolz: »Ich möchte Ihnen bekanntgeben, daß meine Frau einem kräftigen Stammhalter das Leben geschenkt hat. Ich danke Ihnen meine Herren...«

✽

Der junge Mann fragt die hübsche, attraktive Frau beim Tanzen: »Fräulein Elvira, haben Sie schon einmal einen Mann getroffen, bei dessen Berührung Ihnen jeder Nerv vibrierte?«
»Aber natürlich.«
»So?« fragt der Mann erwartungsvoll. »Und wer war das?«
»Mein Zahnarzt!«

✽

Sagt Moni zu Gabi: »Vor Peter mußt du dich in acht nehmen. Wenn er dich auf sein Zimmer lockt, hat er Hintergedanken: Du sollst ihm sein Geschirr spülen!«

✽

Kennst du den Unterschied zwischen treuen und schönen Frauen?
Sind sie treu, so sind sie nicht schön.
Sind sie schön, so sind sie nicht treu.

✽

Zwei Schüler unterhalten sich: »Sag mal, kennst du den Unterschied zwischen ›kostenlos‹ und ›umsonst‹?«
»Nein.«
»Siehst du, ich gehe kostenlos zur Schule und du umsonst.«

Der alte Lehrer legt großen Wert auf Pünktlichkeit und ermahnt seine Schüler, niemals zu spät zu kommen. Sein Motto lautet: »Entweder man kommt pünktlich oder man ist tot!«
Eines Tages verspätet er sich selbst einmal um zehn Minuten. Als er in die Klasse kommt, trifft er dort nur zwei Schüler an: »Wo sind denn die andern geblieben?« fragt er erstaunt.
»Die sind gegangen«, drucksen die beiden herum, »um einen Kranz für Sie zu kaufen!«

*

Der kleine Tobias hat Geburtstag. Der Vater gratuliert ihm schon im Bett.
»Du Papa«, meint der Kleine, »hast du denn gar kein Gedicht gelernt?«

*

Fragt der Kunde am Marktstand: »Sind das auch wirklich deutsche Äpfel?«
Darauf die Marktfrau erbost: »Was denn, mein Herr, wollen Sie die Äpfel essen oder sich mit ihnen unterhalten?«

*

In der Babyklinik sagt ein Baby zum andern: »Ich bin ein Mädchen. Und du?«
»Ich bin ein Junge.«
»Das glaube ich dir nicht.«
»Warte, bis die Schwester draußen ist, dann zeige ich es dir. Die Schwester geht, und der Kleine hebt die Bettdecke und sagt: »Siehst du, ich habe blaue Schühchen an!«

»Ohne Worte«

Es ist schon später Abend, als ein Landstreicher in das Gasthaus ›Georg und der Drache‹ kommt und um einen Teller Suppe und ein Stück Brot bettelt.
»Nichts da«, faucht die Wirtin ihn an, »machen Sie, daß Sie hier rauskommen.«
Der Landstreicher schaut sie darauf eine Weile an und meint dann:
»Kann ich den Georg in dieser Sache sprechen?«

»Kannst du denn schon schwimmen?« fragt die Tante ihre Nichte.
»Ja, Tante Klara.«
»Und wo hast du es gelernt?«
»Im Wasser natürlich.«

*

»Was hat denn deine Frau gesagt, als du gestern erst um vier Uhr morgens nach Hause gekommen bist?«
»Das kann ich dir nicht sagen. Sie ist nämlich noch nicht fertig!«

*

»Was wird Ihr Sohn denn einmal sein, wenn er mit seinem Studium fertig ist?«
»Ein sehr, sehr alter Mann.«

*

»Durchlaucht mögen mir verzeihen, aber Herr Graf haben mir seit sechs Monaten kein Gehalt mehr gezahlt.«
»Ich verzeihe Ihnen, Johann!«

*

Kennst du den Unterschied zwischen Radio Eriwan und der sowjetischen Gewerkschaft?
Radio Eriwan existiert nicht, aber man spürt seine Tätigkeit.

*

»Ehrlich währt am längsten«, sagt der Lehrer, »wer kann mir ein Beispiel dafür nennen?«
»Ich«, sagt Fritz, »wenn ich eine Mathe-Arbeit abschreibe, dann dauert das eine halbe Stunde. Wenn ich sie aber selber rechne, dann dauert das mindestens zwei Stunden!«

*

Die Tochter der berühmten Schauspielerin wird gefragt: »Wie alt ist Ihre Mutter?«
»Ich weiß es nicht, sie wird von Jahr zu Jahr jünger. Wenn das so weitergeht, bin ich bald ihre Mutter.«

*

Kennst du den Unterschied zwischen einer Beethovensonate, einem Gemälde und der versprochenen Steuerreform?
Die Beethovensonate hört man;
das Gemälde sieht man;
und von der versprochenen Steuerreform hört und sieht man nichts.

*

»Sie haben mir einen Hund verkauft, von dem Sie behauptet haben, er sei sehr wachsam. Heute nacht ist bei mir eingebrochen worden, 600 DM wurden gestohlen. Das Tier hat nicht einmal gebellt.«
»Er war vorher bei sehr reichen Leuten, auf kleine Beträge reagiert er nicht.«

*

Die Oma schwärmt von der guten alten Zeit: »Ach, damals gab es noch Mädchen, die ohnmächtig wurden, wenn sie von einem Mann geküßt wurden!«
»Pah«, meint die Enkelin, »damals gab es eben noch Männer, die so küssen konnten, daß die Mädchen ohnmächtig wurden.«

*

Im Fenster eines Kopenhagener Restaurants hängt ein Schild: »Lassen Sie sich nicht scheiden, wenn Ihre Frau nicht kochen kann. Essen Sie bei uns und behalten Sie sie als Maskottchen.«

*

Zehrer kommt in eine Bar, bestellt 15 halbe Liter Bier, stellt die Gläser der Reihe nach auf und trinkt dann eins nach dem andern aus. »Möchten Sie noch eins?« fragt der Wirt.
»Dumme Frage«, sagt Zehrer. »Dann hätte ich gleich 16 bestellt!«

*

Pensionswirtin zum Gast: »Sie werden sich hier bei uns wie zu Hause fühlen, Herr Schulze.«
»Schade, ich wollte mich hier eigentlich erholen!«

*

Emil ist überschüchtern. Als er in einem Hotel einen Lift besteigt, fragt ihn der Liftboy: »Welches Stockwerk?«
Flüstert Emil: »4. Stock. Falls es für Sie kein Umweg ist!«

*

»Nein, meine liebe Jenny, was man heutzutage für Scherereien mit der Bestattung und den Erbschaftsangelegenheiten hat! Manchmal wünsche ich mir, mein lieber Gustav wäre nicht gestorben.«

Der Arzt überredet den Trinker, Joga zu üben. Nach einigen Wochen fragt der Arzt die Frau des Patienten: »Hat das Jogatraining etwas genützt?«
»Ja, jetzt kann er auch trinken, wenn er auf dem Kopf steht.«

✽

»Möchten Sie ein Menü zu dreizehn oder sechzehn Mark?
»Was ist denn der Unterschied?«
»3 Mark.«

✲

Gast: »Können Sie mir sagen, ob die Pension billiger ist, wenn man eine Woche bleibt?«
Wirtin: »Das kann ich nicht sagen, mein Herr, eine Woche ist noch keiner geblieben.«

✲

»Herr Ober... in Ihrem Hause Kunststoffblumen auf dem Tisch?«
»Ja, denn heute findet hier das große Jahrestreffen der Vegetarier statt...«

✲

Graf Bobby ist sehr stolz auf sein neues Telefon. Im Kaffeehaus bemerkt Graf Schimanski: »So, hast du Telefon? Weiß ich ja gar nicht!«
Bobby schaut ihn entrüstet an und sagt vorwurfsvoll: »Ja, liest du denn nie das Telefonbuch?«

✲

»Dies ist ja ein ödes Nest, in dem überhaupt nichts los ist!« beschwert sich der Pensionsgast bei der Wirtin.
»Na, hören Sie mal!« entrüstet sich diese, »wir haben in zwei Tagen eine Mondfinsternis!«

✲

Der Empfangschef eines großen Hotels unterrichtete seine Kellnerlehrlinge in den Regeln des Anstandes. Vor allem erklärte er, wie man aus einer peinlichen Situation immer das Beste machen könne.
»Wenn ihr zum Beispiel in ein Badezimmer geht und eine hübsche junge Dame sitzt im Badewasser, so bleibt euch nichts anderes übrig, als ›Entschuldigung mein Herr‹ zu sagen, und euch wieder zu entfernen.«
Einige Tage ging alles gut, doch plötzlich lief einer der Lehrlinge mit einem blauen Auge herum.
Der Empfangschef, nahm ihn beiseite und fragte ihn: »Was ist denn passiert? Sicher hast du im Unterricht nicht richtig zugehört, was!«
»Ich habe genau getan, was Sie uns gesagt haben«, wehrte sich der Lehrling. »Ich sollte für Mr. Brown etwas besorgen. Als ich in sein Zimmer kam, fand ich ihn mit seiner jungen Frau im Bett. Ich verbeugte mich und sagte: »Oh, entschuldigen Sie, meine Herren!«

*

Peter Engel erzählt am Stammtisch strahlend: »Gestern abend habe ich in unserem Karate-Club gelernt, wie man einen Ziegelstein mit der bloßen Hand zerschlagen kann. Dadurch ist man bei Überfällen nicht mehr so hilflos.«
»Mag schon sein, aber wann wird man schon von einem Ziegelstein überfallen...«

*

Knurzel bechert mit Wurzel im Wirtshaus. Nach drei Stunden lallt Knurzel dem Wurzel zu: »D-du jetzt hör aber auf z-zu s-saufen, du siehst schon ganz v-verschwommen aus!«

*

»Die Turmuhr schlägt, das Karlchen erschrickt: »Acht Uhr. Los, Mensch! Nach Hause!«
»Langsam!« bremst Fritzchen. »Wenn wir jetzt kommen, kriegen wir Prügel. Wenn wir um neun kommen, freuen sie sich, daß uns nichts passiert ist.«

»Herr Ober, mir ist ein Zweimarkstück unter den Tisch gefallen. Wenn Sie es finden, können Sie es behalten, wenn nicht, betrachten Sie es als Trinkgeld!«

✽

»Hat's geschmeckt?« fragt der Ober den Gast.
»Na, ich habe schon besser gegessen!«
»Aber nicht bei uns!«

✽

Im Lokal fragt der Ober: »Was wünschen Sie?«
»Ein Schnitzel!«
»Mit Vergnügen, mein Herr!«
»Nein, bitte mit Kartoffeln und Salat!«

✻

Der Gast beschwert sich nach einer durchwachten Nacht: »Das Bett war ja furchtbar, die Matratze hing bis zum Boden!«
»Unmöglich«, widerspricht der Hotelchef. »In diesem Bett hat schon Napoleon geschlafen!«
»Mag schon sein«, brummt der Gast verärgert, »aber bestimmt mit seinem Pferd!«

✻

Zwei Freunde im Restaurant. Meint der eine zum Ober: »Wir würden uns gerne zu den beiden Damen setzen. Würden Sie dort bitte vorher abkassieren?«

✻

Das verliebte Paar hat nur Augen füreinander. Der Kellner wartet geduldig auf die Bestellung. Nach fünf Minuten sagt der Mann: »Du bist so süß, Liebling, daß ich dich fressen möchte!«
Darauf der Kellner erleichtert: »Und was wünschen der Herr dazu zu trinken?«

✻

Fragt der Gast: »Herr Ober, was kostet ein Menü in diesem Sauladen?«
Antwortet der Ober: »20 Mark pro Sau!«

Sitzen zwei Texaner an der Bar. Sie schneiden auf, daß sich die Balken biegen. Prahlt der eine: »Ich war gestern an den Niagara-Wasserfällen. Da habe ich gesehen, wie einer den Wasserfall hochgeschwommen ist!«
Sagt der andere: »Sicher, sicher. Das bin nämlich ich gewesen!«

*

Fünf Angler sitzen am Biertisch. »Ich angle, weil Angeln für mich ein Sport ist«, sagt der erste.
»Ich angle aus Langeweile«, sagt der zweite.
»Ich muß meine Nerven beruhigen«, meint der dritte.
»Ich angle aus Leidenschaft«, verkündet der vierte.
»Ich möchte ab und zu einen Fisch fangen«, sagt der fünfte kleinlaut.

*

Ein angetrunkener Herr irrt sich in der Türe und betritt das falsche Hotelzimmer. Die nicht mehr ganz junge Dame schrickt aus dem Schlaf, denkt an einen Überfall und ruft voll Angst: »Lassen Sie mich leben!«
Der Herr wankt an ihr Bett und singt: »Hoch soll sie leben, hoch soll sie leben...«

*

Ein Amerikaner sitzt im Hofbräuhaus, trinkt sein Bier und kaut auf dem Bieruntersetzer rum. Fragt ihn einer der anderen Gäste: »Na, gefällt es Ihnen hier?«
»Ja, das Bier ist gut, nur die Kekse schmecken komisch!«

*

»Ich habe an einem Nachmittag fünfzehn Enten geschossen«, prahlt Schulze am Stammtisch.
»Waren die wild?« fragt sein Freund.
»Nein, die Enten nicht, aber der Bauer, dem sie gehört haben!«

*

»Soll das ein halber Hahn sein, Herr Ober?«
»Jawohl, mein Herr!«
»Dann bringen Sie ihn bitte in die Küche zurück und servieren Sie mir die andere Hälfte!«

*

»Herr Ober, dieser Hummer hat bloß eine Schere.«
«Ich nehme an, er hat die andere im Kampf verloren!«
»Gut, Herr Ober, dann bringen Sie mir bitte den Sieger!«

*

Als der Kellner die Rechnung vorlegt, sagt Blinkenigel:
»Trinken Sie, Herr Ober?«
»Nein, mein Herr.«
»Sehr gut, dann brauchen Sie ja also auch kein Trinkgeld...«

*

Der Chefkoch ruft die Serviererin zu sich und fragt: »Sagen Sie mal, warum haben Sie denn ›Speinat‹ auf die Speisekarte geschrieben?«
»Aber Sie haben doch vorhin selbst gesagt, ich soll Spinat mit ›ei‹ schreiben!«

*

Zwei Stammtischbrüder wanken nachts nach Hause. Meint der eine: »Du, ich habe schreckliche Angst vor meiner Frau. Du auch?«
»Nein«, lallt der andere: »Nur vor meiner eigenen.«

*

»Was darf ich Ihnen servieren?« fragt der Ober den Gast.
»Bringen Sie mir ein dunkles Bier, ich bin traurig!«

*

Im Wirtshaus sitzt ein Rothaariger einem Glatzkopf gegenüber. Sagt der Rothaarige: »Na, wollte dir der liebe Gott keine Haare geben?«
Darauf der Glatzkopf: »Doch, aber nur rote, und die wollte ich nicht!«

*

Ein Bayer sitzt mit seiner ganzen Familie im Biergarten. Seine Frau bestellt fünf Maß Bier und für den Kleinsten Saft. Der Bayer wird mißtrauisch: »Geh, am End is der Bub gar net von mia!«

*

Mitternacht ist längst vorüber. Karl kommt ziemlich angeheitert heim. Tobt seine Frau: »Warum kommst du eigentlich halb betrunken nach Hause?«
Sagt Karl: »Weil – hicks – weil ich nicht mehr Geld hatte.«

*

Ein Herr starrt an der Bar trostlos vor sich hin. »Pech gehabt?« fragt der Mixer.
»Pech ist nicht der richtige Ausdruck. Vor einer Stunde habe ich erfahren, daß meine Frau mit meinem besten Freund und meinem Wagen durchgebrannt ist!«
»Verflixt. Der Wagen war wohl neu?«

*

»Herr Ober, der Kaffee war kalt.«
»Gut, daß Sie mir das sagen. Eiskaffee kostet nämlich eine Mark mehr.«

Lange Schlange vor dem Postschalter.
Zuletzt gekommene Dame geht selbstbewußt an allen Wartenden
vorbei mit dem Hinweis: »Ich möchte ja nur eine
Briefmarke kaufen!«
Antwortet einer der Wartenden ärgerlich: »Glauben Sie, wir stellen
uns hier zur Polonaise auf?«

Gast: »Herr Ober, ein Ei bitte, aber nur frisch und von einem freilaufenden Huhn. Dann noch ein Rumpsteak, aber nur von einer schwarzbraunen Kuh!«
Ober: »Sehr wohl, der Herr, und wie hätten Sie die Zahnstocher gern? In Teak oder lieber in Mahagoni?«

✽

Fragt der Urlauber die Wirtin vom ›Alpenblick‹: »Hier war doch immer so ein schönes Echo, wo ist denn das geblieben?«
»Das gibt's nicht mehr, der Echo-Josef ist gestorben.«

✽

»Herr Ober, das hier soll Hasenbraten sein? Ich wette, das ist nicht mal eine Katze!«
»Verloren, mein Herr...«

✽

Zwei Damen betreten ein Speiserestaurant und schauen sich suchend nach einem freien Platz um. Der Kellner eilt herbei: »Sind die Damen allein?«
»Nein, wir sind zwei!«

✽

»Möchten Sie lieber einen roten oder einen weißen Wein?«
»Ist mir egal, ich bin farbenblind.«

✽

Der Ober fragt Herrn Pichelmoser: »Haben Sie noch einen Wunsch?«
»Ja, flambieren Sie die Rechnung!«

*

»Herr Ober«, ruft der Gast entrüstet und deutet auf das Tischtuch. »Haben Sie denn kein sauberes Tischtuch?«
»Das kann ich nicht sagen, ich bin erst drei Wochen hier.«

*

»Herr Ober, was sind das für kleine Tierchen, die in meinem Salat herumhüpfen?«
»Sie haben wohl noch nie was von Vitaminen gehört?«

*

Der Wirt hat dem Gast einen Wein vorgesetzt, der verwässert schmeckt. Der Gast probiert, dann bittet er den Wirt nochmals um die Getränkekarte.
»Stimmt etwas nicht mit dem Wein, mein Herr?«
»Allerdings – ich vermisse die Quellenangabe!«

*

Am Stammtisch haut einer auf die Pauke: »Ich kann alles!«
Sagt ein anderer: »Na fein, dann brat' mir mal einen Schneeball!«

*

Herbert kommt in die Kneipe und sieht einen Gast unter dem Tisch liegen. Sagt Herbert zum Wirt: »Geben Sie mir bitte dasselbe!«

✳

»Was wünscht das Fräulein?« fragt der Kellner die hübsche Blondine.
»Ich möchte eine Vorspeise, dann Suppe, Fisch, Huhn, Gemüse, Kartoffeln, Käse, Eis, Mokka und Wein.«
»Und was wünscht der Herr?« fragt er den Begleiter.
»Ich wünschte, ich hätte sie nicht hergebracht!«

✳

Der Gast ruft ärgerlich: »Herr Ober, wie lange soll ich denn noch auf mein Essen warten? Das dauert ja eine Ewigkeit!«
Der Geschäftsführer, der diese Worte gehört hat, eilt herbei: »Bei wem haben Sie denn bestellt? Bei dem weißhaarigen Kellner dort hinten?«
»So kann es sein«, erwidert der Gast. »Aber als ich bestellte, war er noch schwarzhaarig!«

✳

Der Apachenhäuptling ›Großer Adler‹ verläßt zusammen mit seiner Frau das Indianerreservat und reist nach New York. Die beiden übernachten in einem Hotel. Mitten in der Nacht weckt der Häuptling seine Frau: »Ich bin durstig, hole mir bitte ein Glas Wasser.«
Sie macht sich auf den Weg und kommt kurz darauf wieder mit leerem Glas zurück: »Du mußt dich noch gedulden, im Moment sitzt ein Bleichgesicht auf der Quelle.«

✳

»Betrügen Sie Ihre Frau?« fragte der Psychiater.
»Wen sonst?« antwortete der Patient.

Herr Häberle behauptet am Stammtisch, es gäbe in der ganzen Stadt kein Krankenhaus, in dem er noch nicht gelegen habe.
»Ich wette um 100 Mark, daß das nicht stimmt!« ruft sein Freund.
»Die Wette gilt«, sagt Häberle.
»Nun, in der Frauenklinik hast du...«
»Geld her!« rief Häberle. »Dort bin ich geboren.«

*

Frühmorgens um halb sechs verläßt Lehmann die Bar. »Was ist denn das – hicks – für ein komischer Geruch?« fragt er den Portier.
»Das ist kein komischer Geruch, es ist frische Luft!«

*

Vater Prümmel erzählt am Stammtisch stolz: »Meine Tochter hat sich gestern verlobt.«
»So, und wer ist der Glückliche?«
Strahlt Prümmel: »Ich!«

*

Dieter geht jeden Tag in seine Stammkneipe und bestellt zwei Whisky. »Warum immer zwei?« fragt der Ober.
»Ich trinke für meinen Freund mit!«
Nach einem Jahr bestellt Dieter nur noch einen Whisky.
»Ist Ihrem Freund etwas passiert?« will der Ober wissen.
»Nein, aber ich habe mir das Trinken abgewöhnt!«

*

»Herr Ober, hören Sie: Die Suppe bekomme ich nicht runter.«
»Ist sie zu fett?«
»Nein, ich habe keinen Löffel!«

*

Beim Frühstück im Hotel lobt der Gast: »Das Muster auf der Butter ist aber heute besonders hübsch.«
Der Kellner nickt stolz: »Nicht wahr? Hab' ich auch mit meinem Kamm gezaubert!«

*

Ein Gast will in eine Brauerei. Vor der Tür liegt ein Betrunkener. Fragt der Gast: »Liegt der hier Reklame?«

*

In einem feinen Lokal legt der Gast sein Zinnbesteck ab, nachdem er aus Zinnbechern getrunken hat und von Zinntellern gegessen. Dann pustet er die Zinnleuchter aus und schaut sich um. Erwartungsvoll blickt der Kellner zu ihm herüber.
»Zinnober, bitte zahlen!« ruft der Gast daraufhin.

✽

Huber sitzt an der Bar und weint. Der Ober fragt: »Haben Sie Kummer?«
»Ja. Meine Frau hat gesagt, sie würde einen Monat lang nicht mehr mit mir sprechen, kein Wort mehr.«
»Ach, wie schrecklich.«
»Ja, heute ist nämlich der Monat um!«

✽

»Sie, Herr Ober, am Rand meines Tellers sitzt eine Fliege und grinst mich an!«
»Tut mir leid, mein Herr, aber es ist schwer, ernst zu bleiben, wenn man Sie essen sieht!«

✽

Fragt ein Gast in der Bar einen anderen: »Was sagen Sie denn Ihrer Frau, wenn Sie so spät nach Hause kommt?«
»Ich habe keine Frau!«
»Aber warum kommen Sie denn so spät nach Hause?«

✽

Vati badet zum erstenmal seine beiden Knirpse. Alles geht gut. Nur zum Schluß kräht der eine: »Mutti macht das ganz anders!«
»Wieso?« erkundigt sich der Vater. »Die zieht uns vorher immer erst Schuh' und Strümpfe aus!«

Beschwert sich ein Gast: »In Ihrem Hotel ist es so kalt, daß man die Zahnbürste bloß festhalten muß, das übrige besorgen die Zähne selber.«

✳

Englischer Tourist im deutschen Hotel: »Herr Ober, was ist Schimmel?«
»Ein Schimmel ist ein weißes Pferd.«
»Wie kommt weißes Pferd in meine Marmelade?«

✳

Der Stammgast fragt seinen Stammober: »Was können Sie mir heute besonders empfehlen?«
Der Ober neigt sich dem Stammgast zu und flüstert: »Ein gutes Gebiß, mein Herr!«

❋

Gast zum Kellner: »Bitte die Suppe nicht zu heiß, den Salat nicht zu scharf gewürzt, das Fleisch nicht zu fest, und die Kartoffeln nicht zerkocht!«
Da ruft der Kellner zur Theke: »Ein kleines Helles, aber nicht zu naß!«

❋

Ein adliger Mexikaner reist geschäftlich nach Texas. Im Hotel fragt der Portier: »Ihren Namen bitte!«
Der Mexikaner: »Don Manuel de la Puente de Mora Y Aragon de los Sanches en Poellas!«
»Okay«, brummt der Portier, »sollen alle reinkommen, aber der letzte macht die Tür zu!«

❋

Ein Reisender kommt frühmorgens in ein Café, setzt sich an einen Tisch und sagt zur Serviererin: »Bringen Sie mir zwei Eier, hartgekocht wie Stein, etwas verbrannten Toast und eine Tasse kalten Kaffee. Und nörgeln Sie tüchtig an mir herum, ich habe nämlich Heimweh.«

❋

Ober zum Gast: »Jetzt sagen Sie mir, was Sie zahlen wollen. Dann lachen wir beide darüber, und dann sage ich Ihnen, was Sie zahlen MÜSSEN!«

*

Schild in einem irischen Pub:
Ich bin kein Problemtrinker! Trinken ist das, was mir am leichtesten fällt.

*

Der Hotelgast sagt zum Pagen: »Mein Zug geht in fünf Minuten. Ich glaube, ich habe meine Pantoffeln im Badezimmer stehenlassen. Sehen Sie doch mal nach!«
Der Page saust los. Nach zwei Minuten kommt er wieder zurück und keucht: »Sie haben recht. Die Pantoffeln stehen noch da!«

*

Vorhin habe ich in der Kneipe sage und schreibe 49 Bockwürste verdrückt!«
»Und warum hast du die 50 nicht voll gemacht?«
»Weil ich mir wegen einer lumpigen Wurst den Magen nicht verderben wollte!«

*

»Herr Ober, ich möchte gerne einen Kaffee, aber ohne Sahne.«
»Es tut mir leid, aber die Sahne ist ausgegangen. Kann es nicht auch ohne Milch sein?«

*

»Peterchen, geh doch mal vors Haus und sieh nach, ob Papi schon aus dem Wirtshaus kommt.«
Nach einigen Minuten: »Mutti, Mutti, Papi kommt.«
»Auf welcher Straßenseite denn?«
»Auf beiden.«

*

»Ein großes Schnitzel bitte, Herr Ober!«
»Gern – und Sie, mein Fräulein?«
»Etwas Kleines, bitte!«
»Tut mir leid, aber ich bin hier Kellner und kein Klapperstorch!«

*

»Mein Mann wird langsam alt«, seufzt Frau Zwiebelkorn beim Kaffeeklatsch mit ihrer Freundin. »Wenn wir mal zum Essen ausgehen, schaut er immer gleich in die Speisekarte. Früher galt sein erster Blick der Kellnerin!«

*

Atze an der Theke: »Partner-Wahl per Computer ist doch unmenschlich...
Ich habe meine Alte noch janz normal beim Pokern gewonnen...«

*

Küchenchef: »Wenn Ihnen das Kantinenessen nicht schmeckt, brauchen Sie deswegen noch lange nicht mit der Roulade Jojo spielen.«

*

Treffen sich zwei Freunde in der Kneipe. Sagt der eine: »Ich könnte mich heute totsaufen!«
Erwidert der andere: »Komm, laß uns zusammen sterben!«

✷

In Madrid brennt ein Hotel. Im obersten Stockwerk ruft ein Gast um Hilfe. Auf der Straße spannen zwei Spanier ein Sprungtuch auf und rufen: »Springen Sie!«
Mutig springt der Fremde. Da ziehen die beiden Spanier das Sprungtuch weg und rufen: »Olé!«

✷

Der Lehrling Emil geht mit seiner Freundin spazieren. Vor einem Restaurant steigt ein Herr aus einem großen Wagen, den Emil grüßt. »Wer war denn das?« fragt die junge Dame.
»Ach, nur ein Kollege! Er unterschreibt die Briefe, die ich frankiere und zur Post bringe.«

✷

»Herr Ober, auf der Speisekarte wird ›Touristenkaviar‹ angeboten. Was ist das eigentlich?«
»Eine Schüssel Reis und eine schwarze Brille, mein Herr!«

✷

Im überfüllten Badeort bekniet ein Urlauber die Dame an der Rezeption: »Ich brauche unbedingt ein Zimmer – und wenn es noch so klein ist.«
Sie: »Mal sehen, was sich machen läßt, lassen Sie auf jeden Fall mal Ihre Körpermaße da!«

»Und dieses Modell ist ein Allwettermantel. An warmen Tagen ziehen Sie ihn einfach aus!«

Kellnerin: »Dieser Kaffee ist etwas ganz Besonderes. Er kommt nämlich aus Brasilien!«
Erwidert der Gast: »Ach so – ich habe mich nämlich schon gefragt, warum er wohl so kalt ist!«

*

»Herr Ober, haben Sie außer der Suppe noch andere kalte Getränke?«

*

Der Ober empfiehlt: »Wie wäre es mit gebackenen Froschschenkeln oder Schwalbennestern in Trüffelmajonaise oder auch Schnekken in Rotwein?«
Der Gast: »Auf keinen Fall. Ich bin nicht hierhergekommen, um Ihnen das Ungeziefer wegzuessen!«

*

Drei deutsche Touristen haben in New York kräftig gefeiert. Als sie sehr früh am Morgen in ihr Hotel zurückkommen, erfahren sie, daß der Fahrstuhl außer Betrieb ist. Sie beschließen, den langen Aufstieg über die Treppen durch Geschichtenerzählen zu verkürzen. Der erste kommt im 14. Stock mit seiner Geschichte zu Ende. Der zweite schafft seine Geschichte bis zum 31. Stockwerk. Nur der dritte zögert und will mit seiner Geschichte nicht anfangen. Die anderen überreden ihn doch, und er beginnt völlig außer Atem: »Meine Geschichte ist ziemlich kurz, dafür aber sehr traurig: Wir haben den Schlüssel zu unserem Hotelzimmer unten liegengelassen! Den hat noch der Portier!«

*

Piepenbrink betritt ein Hotel in London. Beim Empfang hängt ein Schild: »Hier spricht man französisch, italienisch, spanisch, russisch und deutsch. Piepenbrink verlangt nach dem Dolmetscher.
»Haben wir nicht«, sagt der Portier.
»Und wer spricht dann die vielen Sprachen?« will Piepenbrink wissen.
»Die Gäste, mein Herr, die Gäste.«

*

Der Urlauber fragt den Wirt: »Sagen Sie mal, gibt es hier nicht so ein bißchen Nachtleben, was Aufregendes natürlich!«
»Und ob! Gehen Sie heute nacht um zwölf Uhr auf den Friedhof, dort spukt es.«

*

In einem Lokal spielt ein Geiger eine Mazurka von Chopin. Plötzlich sieht er, wie einem Gast die Tränen über die Wangen laufen. Er fragt: »Sind Sie Pole, mein Herr?«
»Nein, aber Geiger!«

*

Karl und Otto sitzen in einem Lokal einer hübschen Frau gegenüber. Sagt Karl: »Meinst du, Karl, soll ich es einmal wagen?«
»Klar, Mensch!« macht Otto ihm Mut. Karl steht auf und fragt die junge Dame: »Entschuldigen Sie bitte, spielen Sie Skat?«

*

»Sagen Sie, Herr Ober, wer ist denn der Herr dort mit dem weißen Bart?«
»Das ist Frau Oberlehrerin Meißgeier. Sie ißt gerade Spaghetti!«

*

Fragt ein Feriengast den Wirt: »Gibt es hier Ungeziefer?«
»Nein, mein Herr, aber wenn Sie daran gewöhnt sind, kann ich Ihnen gerne welches besorgen!«

*

»Was ist denn das für ein Hund?«
»Ein Polizeihund.«
»Der sieht aber gar nicht so aus.«
»Das soll er auch nicht. Er ist doch von der Geheimpolizei.«

In einem Bierlokal ißt ein Münchner sein Brathendl nach Landessitte mit den Fingern. Eine norddeutsche Dame belehrt ihn: »Bei uns zu Hause nimmt man in die linke Hand die Gabel und in die rechte das Messer!«
Der Münchner: »Und womit nehmen's dann das Hendl?«

*

Zwei Burschen sitzen an der Bar. Kreuzt ein Mädchen auf im knalligen Pullover. »Scharf«, sagt der eine.
»Vier Kinder«, winkt der andere ab.
»Was«, staunt der eine, »sie hat schon vier Kinder?«
»Nicht sie«, sagt der andere, »du.«

»Mein Mann ist Wirtschaftsprüfer!« erzählt Frau Gernegroß ihrer Nachbarin.
»Ja, ja«, seufzt sie bekümmert, »meiner ist auch nicht aus der Kneipe rauszukriegen...!

*

»Herr Ober«, ruft der Gast. »Sie haben sehr viele Fischgerichte auf der Karte stehen, welches ist das frischeste?«
Beugt sich der Ober zum Gast und flüstert: »Nehmen Sie Ölsardinen, mein Herr!«

*

»Siehst du, mein Haar ist ganz schön hellblond geworden von der Sonne und der Bergluft.«
»Und mein Haar ist schon fast weiß geworden von der Hotelrechnung.«

*

Werbung einer kleinen Gaststätte: »Seien Sie mal ein Mann! Sagen Sie Ihrer Frau mal richtig die Meinung! Den Mut trinken Sie sich am besten bei uns an!«

*

Kumpel Anton kommt aus einem berüchtigten Lokal und stößt draußen auf den Pfarrer. »Aber, mein Sohn«, sagt der vorwurfsvoll, »es ist nicht gut für dein Seelenheil, daß du aus solch einem Hause kommst.«
»In Ordnung«, sagt Anton, »wenn das so ist, geh' ich wohl besser wieder rein!«

Waldemar kehrt mit seinem Freund Erich nach einer Wanderung durch den Schwarzwald in einem Wirtshaus ein. »Wir hätten gern etwas Fleischloses«, sagt Waldemar, als der Ober an den Tisch tritt. »Gern«, sagt der, »Zwetschgenwasser, Himbeergeist, Kirschwasser...?«

✻

Im Caféhaus erklärt Moser: »Alles können sie heute schon erfinden. Bier ohne Alkohol, Kaffee ohne Koffein, Süßigkeiten ohne Zucker – aber eine Mitgift ohne Braut, darauf ist noch keiner gekommen!«

✻

In der Kneipe prahlt der Wirt damit, daß sein vierjähriger Sprößling schon lesen kann. Man fordert stürmisch einen Beweis. Der Vater winkt den Knirps an den Tisch und schreibt an den Rand eines Bierdeckels Johannes XXIII.
»Nun lies mal laut vor«, fordert er.
Der Knirps macht ein nachdenkliches Gesicht: »Och, den Onkel kenne ich nicht, aber der hatte zwei Klare und drei Pils.«

✻

Albert und Emil stehen mit ihrem dritten Bier an der Theke.
»Mensch, glaube mir, das Leben ist schon ein Theater!« meint Albert.
Da seufzt Emil: »Ja, und die Sprechrollen sind alle an Frauen verteilt!«

✻

Herr Trunki haut am Stammtisch gewaltig auf den Putz: »Als ich klein war, war ich schon ein richtiges Wunderkind – ich war mit vier Jahren schon fast so schlau wie heute!«

✽

Meisentriller ist mit seinem Freund Oskar nach Griechenland in den Urlaub gefahren. Die beiden sitzen an der Bar, und Oskar bestellt wie ein Mann von Welt auf griechisch immer wieder drei Bier.
»Wieso eigentlich immer drei Bier?« fragt Meisentriller nach der fünften Runde.
»Na höre mal«, sagt Oskar, »weißt du vielleicht, wie ›zwei Bier‹ auf griechisch heißt?«

✽

Zwei Gasthäuser machen sich Konkurrenz. Der eine Gasthof hängt ein Schild aus: »Hier wird mit Liebe gekocht.«
Das sieht der gegenüberliegende Wirt neidvoll und überlegt, wie er sein Geschäft verbessern könnte. Er schreibt auf sein Schild: »Hier aber mit Vorliebe gegessen!«

✽

»Was darf es sein?« fragt der Kellner drei Herren.
»Mir einen Schwarzen!« sagt der eine.
»Mir einen Mocca«, sagt der zweite.
»Mir einen Espresso!« ruft der dritte.
Der Kellner begibt sich an den Schalter, wo er die Bestellung aufgibt, und ruft in die Küche: »Drei Kaffee, bitte!«

✽

Sagt der Wirt zum Gast: »Ihrem Dialekt nach sind Sie Rheinländer!«
Meint der Gast: »Und Ihren Frikadellen nach sind Sie Bäcker!«

❋

Ober zum Gast: »Darf ich Ihnen eine schöne Ochsenzunge empfehlen?«
»Nein. Ich esse nichts, was andere im Maul hatten. Bringen Sie mir lieber zwei Eier!«

❋

Seit Wochen regnet es im Alpendorf Hintertupfing. Fragt der Urlauber den Gastwirt: »Regnet es hier eigentlich immer?«
»Iwo, im Winter schneit's!«

❋

Der Alpenwirt fragt den Berliner: »Gibt's in Berlin auch so hohe Berge?«
»Nee, aba wenn wa welche hätten, wärn se höher!«

❋

Stammtisch. »Es soll Menschen geben, die mit zwei Stunden Schlaf auskommen.«
Ein junger Vater: »Stimmt! So einen Menschen haben wir zu Hause. Er ist vier Monate alt.«

❋

Der harte Bill sitzt engumschlungen mit einem Mädchen im Saloon. Plötzlich stürzt Bills Frau herein und schießt die ganze Trommel ihres Revolvers leer. Der harte Bill faßt sich ans blutende Ohrläppchen: »Tut mir leid, Kleine, das war unser letzter Abend. Meine Alte schießt sich langsam ein!«

*

Zwei Freunde treffen sich in der Stammkneipe und unterhalten sich: »Vor vielen Jahren ist meiner Mutter mal was Komisches passiert!«
Sagt der andere: »Das verstehe ich nicht, ich denke du bist in Hamburg geboren?«

»Wie sind Sie denn überhaupt in dieses kleine Auto 'reingekommen?« fragt ein grinsender Radfahrer und beugt sich zu dem Kleinstwagen hinunter.
»Gar nicht«, knurrt da der Angesprochene, »meine Mutter hat mich drin ausgesetzt!«

Ein später Stammtischbruder zu seinem Freund: »Ist das da oben der Mond?«
»Welcher, der linke oder der rechte?«

*

Der Ober kommt an den Stammtisch. »Herr Meier, Ihre Gattin bittet Sie ans Telefon!«
»Bittet? Nee, das muß ein anderer Meier sein.«

*

Der Geschäftsführer der Bar engagierte einen Pianisten. »Spielen Sie auch vom Blatt?«
»Ja, solange ich nüchtern bin, später geht es auch so!«

*

Brümmel kehrt nach der Kur endlich wieder an seinen Stammtisch zurück. »Na, wie war's?« fragen seine Freunde.
»Schrecklich«, stöhnt Brümmel, »jeden Morgen auf nüchternen Magen ein Glas Wasser, und das noch ohne Betäubung!«

*

Ein sehr angeheiterter Tourist fährt nachts im Taxi in sein Hotel zurück. Unterwegs sieht der Fahrer, wie er sich auszieht.
»He«, ruft der Fahrer, »Sie sind wohl nicht ganz gescheit, sich hier auszuziehen – Sie sind noch nicht im Hotel!«
»Mann«, lallt sein Gast, »das hätten Sie mir früher sagen kö-können, eben habe ich meine Sch-Schuhe vor die T-Tür gestellt.«

*

»Ich hätte im Urlaub so gerne mal Wellenreiten probiert«, erzählt Paul am Stammtisch. »Aber das blöde Pferd wollte einfach nicht mit ins Wasser!«

*

Einige Herren gehen angeheitert vom Stammtisch nach Hause. Sie singen aus voller Brust: »Guter Mond, du gehst so stille...«
Ein Bürger reißt das Fenster auf und ruft: »Nehmen Sie sich ein Beispiel am Mond...«

*

»Immer wieder überraschen Küchenmeister und Gastronomen uns nicht nur mit nahrhaften Gerichten, sondern auch mit phantasievollen Namen, die sie ihren Kreationen geben: Thunfisch in Öl, Zunge in Madeira oder Apfel im Schlafrock. Nun höre ich aber in letzter Zeit sehr oft von Made in Germany – was ist denn das nun wieder?«

*

Ein Gast sitzt in einer Weinstube und spricht dem ausgezeichneten Wein zu, der hier ausgeschenkt wird. Doch immer, wenn das Glas leer ist und der Kellner fragt, ob er noch eins bringen soll, sagt der Gast: »Oberverwaltungsgerichtshofpräsidententochter«, dann nickt er mit dem Kopf und läßt sich ein neues Glas bringen. Schließlich fragt der Kellner nach dem Sinn dieser seltsamen Sprachübung.
Da klärt ihn der Gast auf: »Solange ich dieses lange Wort noch ohne anzustoßen aussprechen kann, darf ich weitertrinken.«

*

Der Portier zum Gast: »Tut mir leid, daß wir Sie auf dem Billard-Tisch unterbringen mußten, überfüllt wie wir sind! Aber wie haben Sie denn geschlafen?«
»Einigermaßen«, gähnt der Gast, »aber es wäre besser gewesen, wenn die Herren aufgehört hätten zu spielen.«

*

»Aber, Herr Meier!« meint ein Gast im ›Goldenen Adler‹ zu einem anderen Gast. »Sie essen eine riesige Kalbshaxe, und dabei erzählten Sie mir neulich, Sie seien Vegetarier geworden!«
»Das stimmt auch«, meint der Angesprochene und schneidet sich ein großes Stück von seiner Kalbshaxe ab, »doch heute ist Mittwoch, und da haben wir Vegetarier Fastentag!«

*

Ein Kellner spricht zum aufgeregten Gast: »Wie können Sie sich über die schlechte Bedienung beschweren? Sie hatten doch bis jetzt noch gar keine!«

*

Ein Hundebesitzer fragt bei einem Hotel an, ob es gestattet ist, Hunde mitzubringen.
»Hunde sind uns willkommen«, schreibt der Direktor zurück, »sie putzen sich nicht die Schuhe an den Vorhängen, brennen keine Löcher in die Bettücher, lassen nach zehn Uhr kein Badewasser mehr laufen, stehlen keine Löffel und werfen keine Asche auf den Teppich!«

*

... ein Vater zu seinem Sohn: »Mach im Haus nie etwas, wozu du nicht für dein ganzes Leben verurteilt sein möchtest.«

Die kleine Erika geht mit ihren Eltern in ein Restaurant zum Mittagessen. Nach dem Essen sitzt sie ganz ruhig da, ohne die Hände zu falten und zu beten.
»Liebling«, sagt die Mutter, »willst du heute nicht dem lieben Gott danken für die Mahlzeit?«
»Nein, Mami, heute bezahlen wir ja!«

*

Die angehenden Sanitätsgefreiten werden vom Stabsarzt geprüft.
Er fragt: »Meier drei, was geschieht bei einer Verrenkung?«
Meier: »Bei einer Verrenkung springt das Glied aus der Pfanne.«
Stabsarzt: »Und was machen Sie mit einem Kameraden, der einen Hitzschlag bekommen hat?«
Meier: »Ich lege ihn in den Schatten und mache ihn kalt!«

✻

Theoretischer Unterricht bei der Bundeswehr. Der Spieß fragt: »Auf welchem Weg kann der Soldat seinen Mut beweisen?«
Ein Rekrut: »Auf dem Beschwerdeweg«.

✻

Musterung bei der Bundeswehr: »Beruf?«
»Stadtstreicher.«
»Fabelhaft. Unsere Kaserne muß neu gestrichen werden.«

✻

Ohne zu grüßen latscht der Rekrut an einem Offizier vorbei. Der Leutnant ruft: »He, Sie, kommen Sie mal her.«
Der Rekrut sieht den Leutnant dumm an.
Der tippt auf seine Schulterstücke und ruft: »Was haben Sie dazu zu sagen?«
»Nichts. Mir haben sie auch eine Jacke verpaßt, die unter den Armen kneift.«

✻

Sagt der Feldwebel zum Rekruten: »Mein Name ist Stein, und ich bin hart wie ein Stein, merken Sie sich das. Und wie heißen Sie?«
Antwort: »Steinbeißer, Herr Feldwebel!«

*

Ein Rekrut beschwert sich, daß in seiner Suppe Sandkörnchen sind.
»Sind Sie in der Armee, um über die Suppe zu klagen oder um das Vaterland zu verteidigen?« brüllt der Feldwebel.
»Um dem Vaterland zu dienen«, sagt der Rekrut, »aber nicht, um es aufzuessen.«

*

Peter hat absolut keine Lust, zur Bundeswehr zu gehen. Bei der Musterung stellt er sich blind.
»Blicken Sie auf dieses Bild!« fordert ihn der Musterungsarzt auf.
»Auf welches Bild?« tut Peter ganz erstaunt.
»Setzen Sie sich auf diesen Stuhl!«
»Auf welchen Stuhl?« fragt er. Und schon erhält er den ersehnten Untauglichkeitsschein. Aus Freude lädt er seine Freundin ins Kino ein. Zu seinem Schrecken merkt er plötzlich, daß sein Musterungsarzt neben ihm sitzt.
Schnell faßt er sich ein Herz und fragt den Arzt: »Entschuldigen Sie, mein Fräulein, bin ich hier richtig im Bus nach Altona?«

*

Schütze Müller: »Herr Hauptmann, wenn ich nicht bald mehr Wehrsold bekomme, kaufe ich mir eine Kanone und mache mich selbständig!«

*

Bei der Bundeswehr: »Krause, was tut ein Wachtposten, wenn die Ablösung kommt?« donnert der Spieß.
»Er freut sich auf den Feierabend.«

*

Feldwebel zum Rekruten: »Mensch Koller, Sie prahlen immer mit Ihrer Bildung, dabei ist die einzige Bildung, die ich bis jetzt feststellen konnte, die Bildung von Rost auf Ihrem Gewehr.«

*

»Bootsmann willst du werden? Das ist aber ein harter Job.«
»Aber was soll's, ich gehe doch auf einen Schoner!«

»Schnell einen Kuß, Liebling, meinem Mann ist der Zwicker in die Bowle gefallen.«

Zitzewitz inspiziert die Feldküche, sieht einen maschendrahtbespannten Schrank: »Äh, Leute, was ist denn das?«
»Ein Fliegenschrank, Herr Leutnant!«
»Fliegenschrank?« fragt Zitzewitz. Dann tritt er vorsichtig an den Schrank heran und sagt zum Koch: »Rührt sich aber nischt – schlafen wohl alle?«

*

Der Oberst faucht einen Rekruten an: »Wie kommen Sie denn daher? Der Uniformrock ohne Knöpfe, die Hose voller Löcher, die Stiefel verdreckt!«
Meint der Rekrut: »Na und? Wollen Sie einen Dressman oder einen Soldaten?«

*

Der Rekrut hat zum erstenmal nach der Grundausbildung frei. Als er bei seiner Freundin eintrifft, sagt er: »Ich habe nur drei Tage frei. Wollen wir gleich anfangen, uns zu verabschieden?«

*

Feldwebel: »Schütze Meier, wann wurde die Bundeswehr zum ersten Mal erwähnt?«
Schütze Meier: »In der Bibel, Herr Feldwebel. Da steht: Sie trugen seltsame Gewänder und irrten planlos umher!«

*

»Rekrut Schneider, Ihre Haare hätten aber schon vor langer Zeit geschnitten werden müssen.«
»Herr Leutnant, meine Haare sind vor längerer Zeit geschnitten worden.«

∗

Schmitzens geben ein Fest. Unter den Gästen ist ein General mit fünf Reihen Orden an der Brust. Kommt die Hausangestellte in den Salon: »Gnädige Frau haben geklingelt?«
»Nein, der General hat geniest!«

∗

Walter hat Urlaub von der Kompanie und verbringt zwei herrliche Wochen mit seiner Freundin Erna. Er telegrafiert an den Kompaniechef: »Die Liebe ist wundervoll. Erbitte Verlängerung.«
Der Kompaniechef kabelt zurück: »Kommen Sie sofort zurück, die Liebe ist überall wundervoll. Küßchen, Hauptmann Müller.«

∗

Ein Soldat kommt zu seinem Vorgesetzten auf die Schreibstube und beantragt Sonderurlaub, weil seine Frau ein Kind bekommen hat. Hier nun muß er hören, daß es in solchem Falle keinen Sonderurlaub gibt. Vielleicht könne er eine andere Begründung finden.
Der Soldat überlegt kurz, dann sagt er verlegen grinsend: »Es ist unser elftes Kind. Gibt es vielleicht Katastrophenurlaub?«
Er bekommt seinen Urlaub.

∗

Jürgen fragt Peter, seinen Freund, der gerade bei der Bundeswehr dient, was sie in ihrer Freizeit machen. »Ja, wir stellen uns im Kreis auf und werfen uns eine Handgranate zu.«
»Und was ist mit dem, bei dem die Granate explodiert?«
»Der scheidet aus.«

*

Emil kommt zur Musterung. »Also, Herr Stabsarzt, ich leide an Asthma und bekomme keine Luft beim Treppensteigen.«
»Das macht nichts, wir kämpfen meistens Parterre.«

*

Der junge Fähnrich zur See soll den Sonnenstand messen und die Position des Schiffes errechnen, das vor der Westküste von Island kreuzt. Der Fähnrich übergibt dem Kapitän das Resultat. »Junger Mann«, sagt der Kapitän, « nehmen Sie die Mütze ab – wir befinden uns auf geweihtem Boden!«
»Wie soll ich das verstehen?«
»Wenn Ihre Berechnungen stimmen, stehen wir jetzt in der Mitte des Kölner Domes!«

*

Gebrüll beim Bund: »Warum grüßen Sie mich nicht, Mann?! Wie heißen Sie?«
»Manfred Müller! Und wie heißen Sie?«
»Schnauze!«
»Ah, auch kein schlechter Name!«

*

»Sie haben einen schlimmen Herzfehler, mein Bester, warum sind Sie nicht schon vor drei Jahren zu mir gekommen?«
»Bin ich ja, aber da waren Sie noch Stabsarzt beim Militär und haben mich einen verdammten Drückeberger genannt!«

*

Der Leutnant fragt den Rekruten: »Was machen Sie, wenn Sie sich bei einer Nachtübung von Ihrer Truppe entfernt haben und Sie plötzlich jemand von hinten umklammert und Ihnen die Hand über den Mund legt?«
»Zu Befehl, Herr Leutnant, ich sage: ›Laß den Quatsch, Berta!‹«

*

Feldwebel zum Rekruten, der zum ersten Mal Wachdienst tut: »Wenn Sie den Oberst sehen, so einen mit drei Sternen, dann sagen Sie mir Bescheid.« Stunden später sieht der Rekrut so einen, geht hin und fragt: »Sind Sie der Oberst?«
»Ja, der bin ich!«
»Mensch«, sagt der Rekrut, »dann verdufte mal schnell, denn der Feldwebel sucht dich!«

*

Der Generalstabsarzt besichtigt das Lazarett: »Sanitäter, was haben Sie zu tun unmittelbar nach einer Operation?«
»Sofort die Leiche wegtun, Herr Generalstabsarzt!«

*

*Ein ostberliner und ein westberliner Straßenkehrer begegnen sich.
»Kalt heute, wa?« sagt der Westberliner. Der Ostberliner stützt
sich auf seinen Besen und grinst: »Willste mir aushorchen?«*

Dem Rekruten fehlt ein Knopf an der Uniform. Der Spieß sieht rot:
»Müller, wollen Sie etwa auf eigene Faust abrüsten?«

✷

Ein Soldat erhält von seiner Braut folgendes Telegramm: Hielt es
nicht länger aus – stop – habe deinen Vater geheiratet – stop – Gruß
und Kuß Mutter.

✷

»Jawohl, Herr Hauptmann!« brüllt Schütze Meier am ersten Tag auf dem Kasernenhof.
»Ich bin kein Hauptmann!« brüllt der Spieß zurück. »Ich bin die Mutter der Kompanie!«
»Ja dann«, meint Meier verlegen, »küß die Hand, gnädige Frau!«

*

Sagt der Gefreite beim Manöver zum Ausbilder: »Ich glaube, mit dieser Handgranate hier stimmt irgend etwas nicht. Ich habe den Nippel ordnungsgemäß abgezogen, aber es tut sich anscheinend niii...«

*

Der Onkel, der bei der Bundeswehr ist, bietet sich an, den kleinen Neffen in die Schule zu fahren. »Prima«, freut er sich, »aber nur in Uniform!«
»Warum denn das?«
»Damit die anderen glauben, wir hätten einen Chauffeur.«

*

»Rechtes Bein anheben und im rechten Winkel zum Körper heben«, kommandiert der Feldwebel auf dem Kasernenhof. Ein Rekrut hebt das linke Bein, so daß es neben dem rechten Bein des Vordermannes herausragt.
»Himmeldonnerwetter, brüllt der Feldwebel, »welcher Trottel hat denn da beide Beine angehoben!«

*

Der Feldwebel zu den Rekruten: »Männer, dem Feind müßt ihr immer fest ins Auge sehen.«
Pause...
»Sie, Meier, dem Feind sollen Sie ins Auge sehen, was starren Sie mich so an?«

*

»Befehl ausgeführt, Herr Feldwebel«, meldet Soldat Meier. »Wir haben das Geschütz vorschriftsmäßig getarnt – nur finden wir es jetzt nicht mehr!«

*

Fragt der Hauptmann: »Schütze Meier, was machen Sie, wenn sich nachts eine Gestalt kriechend der Kaserne nähert?«
»Ich bringe Herrn Hauptmann unauffällig in sein Quartier!«

*

»Kompaniiiie rrrechts ummm!« brüllt der Feldwebel. »Das gilt auch für den Kleinen da hinten mit den roten Haaren!«
»Aber, Herr Feldwebel, das ist doch ein Hydrant!«
»Mir egal, auch die Ausländer hören auf mein Kommando!«

*

Der Feldwebel brüllt: »In zwei Minuten steht die ganze Kompanie auf dem Appellplatz, verstanden?!«
Erkundigt sich der Rekrut Schmidtchen sanft: »Dürfen wir auch ein bißchen früher kommen, wenn wir wollen?«

*

»Was sind Sie von Beruf?« fragt der Feldwebel.
»Bakteriologe.«
»Reden Sie gefälligst deutsch – bei uns heißt das Bäcker, verstanden!!!«

✻

Musterung bei der Bundeswehr. »Beruf?«
»Pianist.«
»Ab zur Sporttruppe.«
»Aber...«
»Die suchen jemand, der gut auf dem Flügel spielt.«

✻

Funker kommt mit einer Meldung zum Oberst: »Herr Oberst, eben kam ein Funkspruch für Sie durch. Er ist persönlich an Sie gerichtet.«
Oberst: »Lesen Sie vor, Mann.«
Funker: »Von allen Nieten, die ich kenne, sind Sie die Größte.«
Der Oberst wird blaß. Da kommt ihm der rettende Einfall: »Gut, Funker, lassen Sie das sofort entschlüsseln!«

✻

Ein Rekrut auf Urlaub schickt dem Kommandanten ein Telegramm: »Erbitte Extraurlaub, Frau bekommt täglich ein Kind.«
Telegrafiert der Vorgesetzte zurück: »Genehmigt, Verfahren im Interesse des Vaterlandes patentieren lassen!«

✻

»Seit einigen Monaten bin ich Schriftsteller.«
»Interessant. Und – haben Sie auch schon was verkauft?«
»Aber ja! Mein Haus, mein Auto...!

Der kürzeste Witz: Gehen zwei Rekruten an einer Kneipe vorbei...

*

Hans Meier ist zum Bund eingezogen. Im Unterricht fragt der Feldwebel: »Warum bekommt das Geschoß einen Drall?«
»Erstens, weil das so Vorschrift ist, Herr Feldwebel, und zweitens – ja, warum eigentlich nicht?!«

*

»Schütze Schwarzhuber, was ist das Gewehr?«
»Eine Feuerwaffe, Herr Unteroffizier.«
»Quatsch, das Gewehr ist täglich zu reinigen.«

*

Die Kompanie hat Unterricht in Strategie.
»Was versteht man unter Strategie?« fragt der Hauptmann.
»Kriegslist«, erwidert Schütze Brümmel, »Kriegslist ist, wenn man den Gegner nicht merken läßt, daß die Munition alle ist, und einfach weiterschießt!«

*

»Huber, was sind Sie denn von Beruf?« schnauzt der Unteroffizier.
»Ich arbeite in einer Bank.«
»Da sind Sie wohl als Nachtwächter beschäftigt gewesen?«
»Nein, Herr Unteroffizier, Nachtwächter ist bei uns ein ehemaliger Unteroffizier!«

*

»Mann, warum grüßen Sie mich nicht?«
»Würde ich ja gerne, Herr Unteroffizier, aber ich weiß nicht von wem!«

*

Der Unteroffizier an den Rekruten: »Paßt die Uniform?«
»Ja, Herr Unteroffizier, nur die Hose ist unter den Achselhöhlen etwas zu weit!«

*

»Schütze Schwarz, gestern haben Sie mich nicht gegrüßt!«
»Tut mir leid, Herr Feldwebel. Dann muß ich Sie übersehen haben.«
»Na gut. Ich dachte schon, Sie seien mir böse!«

*

Auf dem Kasernenhof. »Darf sich ein Soldat betrinken?« fragt der Spieß einen Gefreiten.
Sagt der: »Nein, Herr Feldwebel.«
Der Spieß: »Warum nicht?«
Der Gefreite: »Das frag' ich mich auch...«

*

Ein Fallschirmspringer will ohne Fallschirm abspringen. Seine Kameraden versuchen, ihn davon abzubringen – ohne Erfolg.
Der Pilot ruft aus der Kanzel: »Was gibt's denn?«
»Etwas Entsetzliches ist passiert! Der Schorsch ist ohne Fallschirm gesprungen!«
»Was, schon wieder?«

*

»Schütze Meier, wie groß sind Sie?«
»Einssiebzig, Herr Feldwebel!«
»Und was sind Sie in Zivil?«
»Auch einssiebzig!«

*

Ein Irrer soll aus der Anstalt entlassen werden. Er sagt zum Direktor: »Ich kann als Offizier bei der Bundeswehr anfangen.« Direktor: »Gut, dann brauchen Sie keinen Entlassungsschein, da reicht eine Überweisung.«

*

Der Unteroffizier beschwert sich beim Kompaniechef über einen Rekruten. »Was stört Sie denn an diesem Mann?«
»Jedesmal, wenn er geschossen hat, wischt er seine Fingerabdrücke ab!«

*

»Was sind Sie von Beruf?« fragt der Feldwebel einen Rekruten.
»Doktor der Philosophie.»
»Dann wissen Sie also, was eine Idee ist?«
»Ja, eine Idee ist ein Gedanke höheren Grades, hat Platon formuliert. Kant nannte die Idee das Vermögen der Vernunft...«
»In Ordnung – und nun nehmen Sie mal Ihr Gewehr eine Idee höher.«

*

Der Major grüßt auf der Straße einen älteren Herrn: »Tag, Herr Huber, Sie haben sich aber stark verändert. Früher groß und schlank – jetzt klein und dick.«
»Verzeihung, mein Name ist Mähler!«
»Tolle Sache. Name auch verändert, was?«

*

»Wann wollt ihr denn heiraten?«
»Sobald Jürgen bei der Bundeswehr war.«
»Gut, dann hat er wenigstens gehorchen gelernt.«

*

Im Offizierskasino ist Bierabend. Der Adjutant nähert sich dem Kommandeur: »Melde gehorsamst, der Kaviar geht zu Ende.« Der alte Haudegen überblickt die Runde der schon sichtbar mitgenommenen Zecher und befiehlt: »Mit Schrot verlängern.«
Am nächsten Morgen, schon gegen Morgen, treffen sich zwei. »Na, wie bist du heute morgen ins Bett gekommen?«
»Danke der Nachfrage. Lediglich kleines Malheur passiert. Habe beim Stiefelausziehen meinen Hund erschossen.«

Zwei Freunde sitzen am Tresen. Sagt der eine: »Kennst du den Unterschied zwischen deiner Frau und den Olympischen Spielen?«
»Nein, den kenne ich nicht.«
»Bei den Olympischen Spielen weiß man, wer die ersten drei waren!«

Opa erzählt aufregend ausführlich und begeistert von seinen Heldentaten im Krieg. Schließlich fragt sein kleiner Enkel: »Eins mußt du mir aber noch sagen, Opa, wozu hat man denn eigentlich die vielen anderen Soldaten gebraucht?«

✳

Während eines Manövers kreuzt unerwartet der General auf. Vom Bataillonsgefechtsstand ruft er eine Batteriestellung an. Die verschlafene Stimme des Funkers meldet sich: »Was gibt's?«
»Was gibt's?« schnauft der General aufgebracht.
»Aber das ist doch...«
»Alter Idiot!« schimpft der Funker. »Du kannst mich mal!«
Dem General bleibt die Spucke weg. »Wissen Sie, mit wem Sie sprechen?«
»Nö«, tönt es gleichmütig zurück.
»Mit dem General!« röhrt der Gewaltige.
Tiefes Schweigen.
Endlich die Frage: »Wissen Sie eigentlich, mit wem Sie sprechen?«
»Nein«, schreit der General außer sich.
Da sagt die Stimme: »Gott sei Dank!« und, päng, wird der Hörer aufgelegt.

✳

Ein bayerischer Marineoffizier wollte im Meer begraben werden. Bei seiner Beisetzung starben drei Landsleute. Sie hatten versucht, ihm ein Grab zu schaufeln.

✳

Musterung bei der Bundeswehr: »Beruf?«
»Psychiater.«
»Und was machen Sie da so?«
»Ich kümmere mich um verklemmte Typen.«
«Dann reparieren Sie mal die Schreibmaschine im Büro des Kompaniechefs!«

*

Herbert wird zur Bundeswehr eingezogen. Dort fragt man ihn, zu welchem Truppenteil er möchte. Herbert ganz entzückt: »Zum Generalstab.«
Der Offizier ganz perplex: »Sind Sie verrückt?«
Darauf Herbert: »Warum? Ist das Bedingung?«

*

Feldwebel Patzek betritt die Kantine, geht zur Theke, bestellt ein Bier und begrüßt die Soldaten zu seiner Rechten: »'n Abend, ihr Saufköpfe!«
Dann die Soldaten zu seiner Linken: »'n Abend, ihr Armleuchter!«
Tritt ein Soldat vor und sagt: »Ich verbitte mir das, Herr Feldwebel, ich bin kein Saufkopf!«
»In Ordnung«, nickt der Feldwebel, »dann gehn Se rüber zu den Armleuchtern!«

*

Wissen Sie, warum die Bundeswehr vor ihren sämtlichen Autonummern ein ›Y‹ hat?
Antwort: »Das ist das Ende von Germany.«

*

... ein Ehemann, die Hand am Fernsehschalter: »Martha, hast du mir noch irgendwas zu sagen, bevor die Fußballübertragung anfängt?«

»Ich gebe dir einen guten Rat«, sagt der Vater zu seiner Tochter, »heirate einen Soldaten. Er kann kochen, Betten machen, aufräumen, ist in Erster Hilfe ausgebildet, und immer bereit, Befehle auszuführen.«

*

Die Ordonnanz bringt dem vom Pulverdampf ergrauten General ein Steak. »Nanu, Mann, Sie kenne ich doch!« sagt der General nachdenklich. »In Afrika gewesen?«
»Nein, Herr General.«
»Rußland, Mittelabschnitt?«
»Nein, Herr General.«
»Aber woher...«
»Ich habe Ihnen vorhin die Suppe gebracht, Herr General.«

*

Zwei Nachbarinnen treffen sich. Fragt die eine: »Sind Sie krank, meine Liebe! Einmal am Tag kommt der Arzt und einmal der Pfarrer zu Ihnen?«
Darauf die andere: »Meine Beste, zu Ihnen kommt an einem Tage ein Offizier und am nächsten Tage ein Soldat, und ich frage auch nicht, ob in Ihrer Wohnung der Krieg ausgebrochen ist!«

*

In einer Instruktionsstunde nimmt der Truppenarzt auch Maßnahmen zur Keimfreimachung des Trinkwassers durch. »Was also unternehmen Sie, um Trinkwasser keimfrei zu machen?« fragt er.
«Erst kochen wir das Wasser ab und dann filtrieren wir es.«
»Gut! Machen Sie noch etwas?«
»Ja, dann trinken wir sicherheitshalber Bier.«

*

In der Kantine der Kaserne wird Schweinebraten serviert, der nicht ganz frei von Borsten ist. Brüllt ein Feldwebel erbost: »Nun seht euch das mal an! Dieses Schwein kommt tatsächlich unrasiert zum Dienst!«

*

Michael ist Soldat geworden. Im ersten Brief von zu Hause liest er: »... und stehe nicht so spät auf, lieber Junge. Es wäre doch peinlich, wenn das ganze Bataillon mit dem Frühstück auf dich warten müßte...«

*

Soldat zum Küchenbullen: »Junge, drei Tage hintereinander immer derselbe Fraß. Laß uns doch wenigstens Zeit, Abwehrstoffe dagegen zu bilden!«

✸

Munitionsausgabe bei der Bundeswehr. »Vorsicht, Leute«, warnt der Offizier, »neulich sind bei dieser Gelegenheit zehn Leute in die Luft gegangen.«
»Kann uns nicht passieren, Herr Hauptmann«, sagt einer der Soldaten, »wir sind nur fünf!«

✸

»Herr Wachtmeister, mir wurde gerade mein Fahrrad gestohlen!«
Der Gesetzeshüter erkundigt sich: »War es noch gut?«
»Nein!«
»Beleuchtung dran?«
»Nein!«
»Gut, macht erst mal 50 Mark Strafe!«

✸

Ein Motorradfahrer rast in verkehrter Richtung durch die Einbahnstraße. Ein Polizist hält ihn an: »He, Mann, wohin fahren Sie denn?«
«Keine Ahnung«, meint der Geisterfahrer achselzuckend, »aber anscheinend bin ich schon verdammt spät dran, die anderen kommen alle schon wieder zurück!«

✸

»Alles bereit zum Fallschirmsprung?«
»Jawohl, bereit.«
»Mensch, Meier, wo ist denn Ihr Schirm?«
»Bei diesem schönen sonnigen Wetter!«

*

Der Stabsarzt untersucht den Bundeswehr-Aspiranten. Zur Prüfung der Augen hält er diesem in einem Abstand von drei Metern zwei Topfdeckel hin. »Was ist das, können Sie das erkennen?«
»Aber natürlich, Herr Stabsarzt. Ich sehe nur noch nicht ganz scharf, ob es sich um zwei Zwei- oder Fünfmarkstücke handelt!«

*

Herr Hurtig rast mit seinem Wagen über die Landstraße. Hundert... hundertzehn... hundertdreißig... Dann wird er von einer Polizeistreife gestellt. »Bin ich zu schnell gefahren?« fragt Hurtig scheinheilig.
Der Polizist schüttelt den Kopf. »Weniger zu schnell gefahren, als zu niedrig geflogen!«

*

Im Trainingslager ist eingebrochen worden. Fragt der Polizist den einzigen Zeugen: »Sie sind doch Sprinter, konnten Sie den Gangster nicht einholen?«
»Na, leicht«, strahlt der junge Mann, »ich hatte ihn sogar überholt und blieb in Führung. Aber als ich mich umsah, war der Kerl plötzlich weg.«

*

Polizisten stoppen Autos. Ein Beamter sagt zu Herrn Schulze: »Steigen Sie aus und gehen Sie auf dem Mittelstreifen hin und her. Ich will sehen, ob Sie was getrunken haben.«
Darauf Schulze: »Auf welchem Streifen, dem linken oder dem rechten?«

*

Der Polizist stoppt die junge Autofahrerin: »Sie sind mit 120 Kilometer in der Stunde gefahren.«
»Unmöglich, ich bin doch erst seit zehn Minuten unterwegs!«

*

Der Polizeibeamte fragt Frau Krüger: »Hat Ihr verschwundener Mann irgendwelche besonderen Kennzeichen?«
Faucht sie ihn an: »Nee, aber die kriegt er von mir, wenn er wieder da ist!«

*

Ein Ehemann kommt zur Polizei! »Meine Frau ist seit drei Wochen verschwunden.«
»Wie sieht sie denn aus?«
»Etwa 1,60 groß, 58 Jahre alt, 108 Kilo schwer, rotblonde Perücke, künstliches Gebiß, krumme Beine, viele Falten im Gesicht.«
Der Beamte notiert alles, dann sagt er: »Sie haben Glück, bis jetzt ist sie noch nicht gefunden worden!«

*

Der hundertste Fahrer auf der neuen Autobahn bekommt von der Polizei tausend Mark und einen Blumenstrauß. Fragt der Polizist:
»Was machen Sie mit dem Geld?«
»Erst mal den Führerschein.«
»Ach, Herr Wachtmeister«, meint seine Frau entsetzt, »wenn mein Mann betrunken ist, redet er nur Blödsinn.«
Da mischt sich der taube Opa ein, der von allem nichts verstanden hat:
»Seht ihr, ich wußte es ja, daß wir mit dem gestohlenen Auto nicht weit kommen.«

✻

Mit vollem Tempo saust der Autofahrer durch die Stadt. Der Polizist hält ihn an. »Haben Sie denn die Geschwindigkeitsbegrenzung nicht gelesen?«
»Was? Lesen? Bei diesem Tempo?«

»Stellen Sie sich vor, mein Mann ist impotent geworden.«
»So, ist das mehr als Inspektor?«

Die Ampel an der Kreuzung steht schon lange auf Grün, aber der Kleinwagen steht immer noch. »Wollen Sie denn nicht weiterfahren?« herrscht der Schutzmann den Fahrer an.
»Geht leider nicht, Herr Wachtmeister«, bemerkt der Fahrer, »zuviel Gegenwind.«

*

»Wie heißen Sie?« fragt der Polizist den Autofahrer.
»Maier ohne ›f‹!«
»Wie bitte?«
»Maier ohne ›f‹!
»Aber Maier wird doch ohne ›f‹ geschrieben!«
»Das sage ich ja auch schon die ganze Zeit!«

*

»Herr Wachtmeister«, eilt Kurtchen auf den Verkehrspolizisten zu. »Kommen Sie sofort. Mein Rechenlehrer hat im Halteverbot geparkt!«

*

»Mein Mann ging vor zehn Tagen weg, um eine Dose Würstchen zu kaufen«, berichtet die Frau auf dem Polizeirevier, »seitdem ist er verschwunden. Was soll ich tun?«
Der Beamte überlegt einen Augenblick, dann meint er: »Machen Sie doch eine Dose Gulasch auf!«

*

Auf einer Kreuzung stoßen zwei Autos zusammen. Der eine Fahrer ruft sofort die Polizei an. Danach zieht er eine Flasche aus der Tasche und sagt: »Nehmen Sie erst mal einen Schluck auf den Schrecken.«
Der andere Fahrer trinkt und fragt dann: »Trinken Sie denn nichts?«
»Doch, aber erst wenn die Polizei die Blutprobe genommen hat.«

*

Selbst für den Faschingstrubel randalierte Bollermann zu toll. »Was lärmen Sie denn so vor dem Wirtshaus rum?« fährt ihn der Polizist an.
»Einen Schnaps will ich!«
»Kommen Sie mit auf die Wache!«
»Haben Sie dort einen?«

*

»Was haben ein Polizist und ein Tausendmarkschein gemeinsam?«
»Keine Ahnung!«
»Wenn man einen braucht, ist keiner da.«

*

»Natürlich haben wir den Banküberfall auf unsere Bank mit einer unsichtbaren Kamera aufgenommen!« erzählt der Bankdirektor dem Kommissar.
»Leider war der Apparat falsch eingestellt, er lief verkehrt rum. Jetz sieht man einen Kunden, der eine halbe Million Mark einzahlt!«

*

»Können Sie mir Näheres über den Mann sagen, der Sie belästigt hat?« fragt der Polizist.
»Er roch nach Schnaps.«
»Das genügt nicht, ich brauche genauere Angaben.«
»Ich glaube, es war Whisky.«

✻

Kommissar: »Was fordert er?«
Assistent: »Einen kugelsicheren Wagen mit zwei Beamten. Vorn und hinten Funkstreife.«
Flucht der Kommissar: »Zum Donnerwetter! Wenn der Kerl solche Angst hat, warum will er dann unbedingt Bundesligaspiele pfeifen?«

✻

»Junger Mann«, sagt der Polizist streng, »hier können Sie nur mit einem Erlaubnisschein angeln!«
»Oh, besten Dank für diesen Tip. Ich habe es die ganze Zeit schon mit einem Wurm versucht!«

✻

Ein Betrunkener fragt einen Polizisten: »Können Sie mir mal bitte meine Beulen nachzählen?«
Der Polizist zählt: »Eins, zwei, drei, vier, fünf. Fünf Beulen haben Sie!«
»Danke, dann sind es ja nur noch drei Laternen bis nach Hause!«

✻

»Warum soll ich denn ausgerechnet als Pferd auf den Maskenball gehen?« fragt Finkenbein. *»Weil Pferde nur Wasser saufen«*, meint seine Frau.

Ein Sheriff bekam die Nachricht, daß ein gefährlicher Verbrecher aus dem Gefängnis ausgebrochen und in seinen Bezirk geflohen war. »Schicken Sie mir ein Foto, dann schnappe ich den Burschen!« telegrafierte er zurück.
Eine Stunde später erhielt er zehn Aufnahmen, die den Verbrecher im Profil, von vorne und verschieden gekleidet zeigten. Am nächsten Tag meldet der Sheriff: »Neun Verbrecher bereits gefaßt, dem zehnten sind wir auf der Spur!«

✻

»Sie hatten das teuerste Menü und können nicht bezahlen. Da muß ich die Polizei rufen.«
»Seien Sie nicht albern, die zahlt auch nicht für mich!«

*

Auf der Polizeiwache wird ein Unfall gemeldet. »Ich fuhr die Straße hinunter, da kam mir plötzlich ein Betrunkener entgegen und krachte gegen meinen Wagen.«
»Woher wissen Sie, daß der andere betrunken war?«
»Das kann gar nicht anders sein, er fuhr einen Baum.«

*

»Ich habe gehört, daß die Polizei angewiesen wurde, mit der nächtlichen Unsittlichkeit auf Parkbänken Schluß zu machen.«
»Das finde ich sehr vernünftig! Die Polizisten sollen nachts lieber Einbrecher fangen, statt auf den Parkbänken rumzuknutschen!«

*

Frau Sommer kommt mit dem Auto vom Einkaufsbummel nach Hause und fragt ziemlich verstört ihren Mann: »Sag mal, Liebling, war der Schutzmann eigentlich schon immer auf unserer Kühlerhaube?«

*

»Ihre Papiere bitte, Sie sind bei Rot über die Kreuzung gefahren. Haben Sie denn die Ampel nicht gesehen?«
»Die Ampel schon, aber Sie nicht, Herr Wachtmeister!«

*

Eine kleine Bank im Mittleren Westen hat eine neue geheime Alarmanlage bekommen, die sofort mit der Polizei verbindet. Eines Tages dringen bewaffnete Gangster in den Kassenraum, packen das Bargeld und verschwinden. Da läutet das Telefon des Kassierers: »He, Joe, paß doch besser auf«, hört er den Polizisten, du stehst schon ganze fünf Minuten auf dem Alarmknopf!«

※

Knolle wird von der Polizei gestoppt. »Sie sind schneller als 50 gefahren!«
»Unmöglich, ich hatte keine 40 drauf, höchstens 30, ich bin sogar fast sicher, daß es nur 25 waren...«
»Noch ein Wort«, unterbricht ihn der Polizist, »und ich verpasse Ihnen einen Strafzettel wegen Falschparkens!«

※

»Stimmt es, Herr Knolle, daß Sie Ihr Auto verkaufen wollen?«
»Es muß wohl sein. Immer wenn ich irgendwo parke, kommt ein Polizist und fragt, ob ich den Verkehrsunfall nicht melden will!«

※

Konrad Kasupke gerät in ein Manöver mit seinem Auto und rammt einen Panzerspähwagen. »Mensch, haben Sie uns denn nicht gesehen?« brüllt ihn ein Feldwebel an.
»Euch gesehen?« sagt Konrad, »ich hätte euch doch gar nicht sehen dürfen, oder?«

※

Herr Neureich unter dem Christbaum: »Vergeßt nicht, Kinder, daß es auch heute noch Menschen gibt, die ihre Weihnachtslieder selbst singen müssen!«

Der Verkehrspolizist hebt die Hand, um den Übergang für Fußgänger zu sperren, doch eine alte Dame kümmert sich nicht darum und tippelt seelenruhig drauflos. Der Polizist hält sie an und sagt: »Wissen Sie nicht, was es bedeutet, wenn ich die Hand hebe?« »Natürlich, weiß ich das«, lächelt die Dame. »Ich war ja schließlich vierzig Jahre lang Lehrerin!«

*

Mit seinem Freund Fritz vorn auf der Lenkstange saust Max den Berg hinunter. Unten steht ein Polizist und fuchtelt mit den Armen. Max: »Wir sind voll besetzt! Versuchen Sie es beim Nächsten!«

*

Ein Indianer kommt zum Sheriff und fragt: »Wo kann ich meinen Namen ändern lassen?«
»Na, sag mir erst einmal, wie du heißt, mein Sohn!«
»Wilder Adler, der vom Himmel gefallen ist!«
»Und wie möchtest du heißen?«
»Plumps!«

∗

Ein Einbrecher wird auf frischer Tat in der Villa bei Schmidts ertappt. Auf dem Polizeirevier soll er seine Aussage machen. »Wie heißen Sie«, fragt ihn der Beamte.
»Hans Müller«, antwortet der Einbrecher.
»Ja, ja, Müller ist immer parat. Sagen Sie man lieber gleich Ihren richtigen Namen.«
»Johann Wolfgang von Goethe.«
»Na also, warum nicht gleich so? Sehen Sie, mit der Wahrheit kommen Sie bei uns immer noch am weitesten!«

∗

Fragt ein Betrunkener einen Polizeibeamten: »Ach bitte, haben Sie vielleicht einen kleinen Hund gesehen?«
Der Beamte: »Nee – nichts!«
Der betrunkene Mann wundert sich und sagt: »Sonderbar, wie lange sind Sie schon bei der Polizei?«
Beamter: »Na, so acht Jahre sicherlich.«
Staunt der Mann: »Soso, acht Jahre bei der Polizei und hat noch keinen kleinen Hund gesehen!«

∗

Waberling im Polizeirevier: »Guten Tag, ich möchte mich um die Stelle, die bei Ihnen frei ist, bewerben.«
»Um welche Stelle denn? Wir haben keine Stelle frei!«
»Oh, doch, draußen hängt ein großes Schild mit der Aufschrift ›Trickbetrüger gesucht‹.«

✽

Zwei Männer begegnen sich an der Straßenecke. Der erste fragt: »Entschuldigen Sie, haben Sie in der Nähe einen Polizisten gesehen?«
Der andere antwortet: »Nein!«
»Dann mal ganz schnell her mit der Brieftasche!«

✽

»So nun unterschreiben Sie mal hier das Protokoll«, sagt der Polizist zum Landstreicher auf der Wache.
»Aber ich bin Analphabet.«
»Das ist doch völlig egal, Ihre Religion steht hier doch gar nicht zur Debatte!«

✽

Der flotte Egon hat eine neue Flamme. Sie möchte unbedingt ein Foto von ihm. »Hast du denn wirklich keines?« fragt sie, als er sich verlegen windet.
»Doch«, meint er schließlich, »es ist aber ein Gruppenbild.«
»Wer sind denn die anderen?« will sie wissen.
»Zwei Polizisten!«

✽

Der Polizist traut seinen Augen nicht, als er einen kleinen Jungen am Steuer eines Autos erblickt. Er hält ihn an und fragt: »Was machst du denn da? Hast du überhaupt einen Führerschein?«
Der Steppke ist empört: »Also hören Sie, das sollten Sie doch wissen, daß ich den erst mit 18 Jahren machen darf.«

✻

»Warum weinst du denn, Kleiner?« fragt der Polizist den Jungen, der gerade seinen ersten Schultag hinter sich hat und auf der Straße steht.
Der Kleine druckst: »Wir haben eben in der Schule gelernt, daß wir erst über die Straße gehen dürfen, wenn das Auto vorüber ist. Und nun stehe ich schon eine halbe Stunde hier, und es kommt gar keins!«

✻

Ein Polizist kommt an einem Auto vorbei, das auf dem Dach liegt. »Hatten Sie einen Unfall?« fragt er freundlich den Autofahrer.
»Aber nein, ich habe mein Auto nur umgedreht, um zu sehen, ob die Räder sich noch richtig drehen!«

✻

Die Verkehrsampel zeigt Gelb. Fragt ein Passant den Polizisten: »Darf ich bei Orange hinübergehen?«
»Nein, nicht bei Orange und Himbeer. Nur bei Waldmeister.«

✻

Der Autofahrer bezahlt zähneknirschend seine Verwarnungsgebühr und bekommt eine Quittung. »Und was mache ich mit der?« knurrt er.
»Die heben Sie gut auf«, erwidert der Polizist. »Wenn Sie zehn beisammen haben, bekommen Sie ein Fahrrad!«

✻

Im Wagen der Verkehrsstreife gibt Meier seinen Autounfall zu Protokoll: »Ich wollte links abbiegen. Um Zeichen zu geben, streckte ich zusätzlich zu den Blinkern meine Hand zum Fenster hinaus, dabei habe ich den Kleinwagen halbiert. Ich bin Karatemeister.«

✻

Ein ostfriesischer Polizist hat einen Mann festgenommen. Jammert der Mann: »Ich habe dahinten meine Mütze verloren, kann ich zurücklaufen und sie holen?«
Meint der Polizist: »Nein, kommt nicht in Frage, den Trick kenn' ich. Ich hole die Mütze, und Sie warten hier auf mich!«

✻

Bruno Bramsel kommt auf die Polizeiwache. »Herr Wachtmeister, gerade als ich aus dem Kino kam, ist jemand mit meinem Auto davongebraust.«
»Haben Sie erkennen können, wer es war?«
»Das nicht. Aber zum Glück konnte ich mir gerade noch die Autonummer notieren...«

✻

»Gestern habe ich meiner Frau ordentlich die Meinung gesagt!« –
»Und was hast du erreicht?« – *»Mit Müh und Not die Tür!«*

Oberinspektor Schulze bellt wütend eine Durchsage an alle Streifenwagen: »Ich habe ausdrücklich gesagt, daß Streifenwagen Nr. 1 das unbekleidete Mädchen in der Schwabstraße abholen soll. Die anderen zwanzig Fahrer gehen sofort an ihren Standort zurück!«

*

In Los Angeles wird ein Straßenräuber auf frischer Tat ertappt, festgenommen und von der Polizei in eine Zelle gesperrt, in der bereits ein Betrunkener seinen Rausch ausschläft. Der Räuber läßt die günstige Gelegenheit nicht ungenutzt verstreichen, zieht dem Betrunkenen die Kleider aus, ihm die seinen und sich selbst die fremden an – und läßt sich am nächsten Morgen seelenruhig entlassen.

*

»Herr Kommissar, ich möchte den Fassadenkletterer sprechen, der letzte Nacht bei mir eingebrochen hat.«
»Und warum?«
»Der Kerl ist durch das Schlafzimmer meiner Frau gegangen, ohne sie aufzuwecken. Ich muß unbedingt wissen, wie er das gemacht hat!«

*

Aufgeregt kommt ein Mann zur Polizei und meldet: »Mir ist ein Pinguin zugelaufen. Was soll ich tun?«
Der Polizist überlegt nicht lange: »Da gehen Sie am besten zum Zoo.«
Am nächsten Tage trifft der Beamte den Mann mit dem Pinguin auf der Straße. »Sie sollten doch mit dem Pinguin zum Zoo gehen«, rügt der Ordnungshüter.
»Da waren wir gestern, Herr Wachtmeister«, antwortet der Mann, »heute wollen wir aber ins Kino.«

*

»Das soll der Polizeihund sein, den Sie verkaufen wollen? Ich bitte Sie – der hat ja 'ne Glatze!«
»Klar, natürlich. Das ist die Stelle, wo Sirene und Blaulicht montiert waren...«

*

Eine Frau kommt zur Polizei und meldet ihren Mann als vermißt. Der Beamte will eine genaue Beschreibung haben. »Nun, einssechzig groß, Vollglatze, humpelt links, schielt auf beiden Augen, rote Nase, stottert auch etwas – ach wissen Sie, suchen Sie ihn lieber nicht!«

*

»Hat die Polizei denn schon den Einbrecher gefaßt?«
»Nein, noch nicht. Aber sie weiß jetzt, wo er sich rasieren läßt!«
»So, wo denn?«
»Im Gesicht!«

*

Was heißt auf chinesisch Dieb?
Lang Fing!
Was heißt auf chinesisch Polizist?
Lang Fing Fang!
Was heißt auf chinesisch Polizeihund?
Lang fing Fang Wau Wau.

*

Die Polizei stoppt einen Radfahrer: »Mann, es ist stockduster. Schalten Sie Ihr Licht ein!«
»Die Lampe ist kaputt.«
»Dann schieben Sie eben das Rad.«
»Davon geht das Licht auch nicht wieder an.«

✳

»Helfen Sie mir, Herr Wachtmeister«, bittet die flotte Uschi, »der Mann dahinten macht mir schon die ganze Zeit unanständige Anträge, und dann hat mir der Kerl auch noch Geld angeboten!« Mit grimmigem Blick wendet sich der Beamte an den Mann und meint: »Haben Sie nicht verstanden: Die Dame will kein Geld!!«

✳

Schmitt wird von einer Polizeistreife angehalten: »Haben Sie Alkohol getrunken?«
»Ich trinke nie!«
»Und warum haben Sie die Salzstange im Mund?«
»Damit ich die Balance besser halten kann!«

✳

Polizist zum Autofahrer, der in die Radarfalle gegangen war: »Bezahlen Sie die Strafe von 40 Mark?«
»Ich bin zur Zeit schlecht bei Kasse. Geht es nicht etwas billiger, Herr Wachtmeister?«
»Hm, was sind Sie von Beruf?«
»Tankstellenbesitzer.«
»Na, schön. Sagen wir 39 Mark Komma 99.«

✳

»Warum trittst du nicht offen und ehrlich vor deinen Mann und lügst ihm was vor?«

Klein Martin kommt zum Polizeirevier und verlangt einen Waffenschein. Der Beamte wundert sich: »Was willst du denn damit?«
»Na, ich bin doch jetzt Abc-Schütze geworden!«

*

Ein Polizist soll einer Frau die Nachricht vom Tode ihres Mannes überbringen. Er läutet, und als die Frau aufmacht, fragt er: »Sind Sie die Witwe Meier?«
»Meier ja, aber Witwe bin ich nicht!«
»Wetten, daß?«

*

Der Polizist stoppt eine hübsche junge Dame, die ihr Auto gerade in verkehrter Richtung steuert. »Sie wissen, warum ich Sie anhalte?«
»Lassen Sie mich raten«, erwidert die Schöne, »einsam?«

*

Ein Polizist stoppt einen Autofahrer, der mit vollem Tempo bei Rot über die Kreuzung geprescht ist, und reicht ihm seine Pistole.
»Was soll das denn?« wundert sich der Autofahrer.
»Nehmen Sie das«, erklärt der Polizist, »damit geht's schneller!«

*

Karin wird von einem Streifenwagen verfolgt. Schließlich stoppt sie an einer Tankstelle, springt raus und verschwindet in der Toilette. Als Karin herauskommt, sagt sie mit strahlendem Lächeln: »Ich wette, Sie haben gedacht, ich schaffe es nicht mehr!«

*

Eine Polizeistreife hält einen Motorradfahrer an: »Mann, Sie haben eben Ihre Frau, die auf dem Rücksitz saß, verloren.«
»Und deshalb erschrecken Sie mich, ich dachte, ich wäre zu schnell gefahren!«

*

Schon zwanzig Minuten verfolgt ein Polizist einen Dieb, den er auf frischer Tat ertappt hat. Als beide völlig erschöpft sind, setzen sie sich auf eine Bank, um zu verschnaufen. Nach einer Weile blickt der Dieb zum Polizisten und sagt: »Na, was ist? Pack' ma's wieder?«

*

Müller sitzt betrunken vor der Polizeiwache und angelt. Fragt ein Polizist: »Was machen Sie denn hier?«
»Ich angle.«
»Aber hier gibt es doch gar kein Wasser und keine Fische.«
»Nein? Dann muß ich eben noch ein Stückchen weiterrudern!«

✽

Mit 100 Sachen rast der Schriftsteller durch die Ortschaft und wird prompt von einem Streifenwagen gestoppt. »Mann, Sie sind ja stockbesoffen!« ruft der Polizist.
»Mag schon sein«, antwortet der Autor, »aber da befinde ich mich in guter Gesellschaft: Edgar Allan Poe, Paul Verlaine und Dostojewski haben auch viel getrunken.«
Darauf der Polizist zu seinem Kollegen: »Schnell, riegelt sofort die Straßen ab! Heut' abend sind lauter Saufbrüder unterwegs!«

✽

»Zwanzig Mark Bußgeld«, sagt der Polizist zum Metzgermeister, »oder darf's ein bißchen mehr sein?«

✽

»Sie lügen«, sagt der Kommissar beim Verhör im Polizeipräsidium zum Tatverdächtigen.
»Aber nein!« schwört der voller Verzweiflung. »Ich war wirklich in den letzten drei Februartagen nicht in der Stadt, Herr Kommissar!«
»Reden Sie doch keinen Unsinn, Mann! Die letzten drei Tage im Februar gibt es doch gar nicht!«

✽

Bei Hauser läutet das Telefon: »Hier ist die Polizeiwache. Ihre Frau wird doch schon seit sechs Wochen vermißt...«
»Kann schon sein«, *antwortet Hauser,* »aber nicht von mir!«

An einem naßkalten Tag kommt ein Mann ins Revier und erstattet Anzeige, weil ihm sein Wagen gestohlen worden ist. Nachdem der Polizist alles zu Protokoll genommen hat, bittet ihn der Bestohlene: »Und wenn Sie den Dieb gefaßt haben, dann fragen Sie ihn doch bitte, wie er es geschafft hat, bei diesem feuchten Wetter den Wagen zum Anspringen zu bringen!«

*

»Ich möchte eine Vermißtenanzeige aufgeben, mein Mann ist weg.«
»Wie lange denn?«
»Seit fünf Jahren.«
»Und da kommen Sie erst jetzt zur Polizei?«
»Ja, wir feiern Silberhochzeit, und da hätte ich ihn gern dabei.«

✻

Der kleine Peter hat sich verlaufen. Verzagt wendet er sich schließlich an einen Polizisten. »Wie heißen denn deine Eltern, mein Junge?« fragt der hilfsbereit.
»Schatzi und Dicker!«

✻

Zwei Minuten bevor er mit seiner Braut das Zimmer des Standesbeamten betritt, wird Bruno Bommel von einem Kriminalbeamten festgenommen. Da stößt der eine Trauzeuge den anderen an und meint: »Nun, was hab' ich dir vor noch nicht mal fünf Minuten gesagt? Ich habe gesagt: Jetzt kann ihn nur noch ein Wunder retten!«

✻

Eine alte Dame muß eine Straße überqueren, in der Straßenbahnschienen verlegt sind. Ängstlich fragt sie einen Polizisten: »Stimmt es, daß man einen Schlag bekommt, wenn man auf die Schienen tritt?«
»Nein, gnädige Frau, nur, wenn Sie mit dem anderen Bein die Oberleitung berühren!«

✻

Der Kriminalkommissar ist verärgert. »Wie konnte der Mann nur entkommen? Ich habe doch befohlen, alle Ausgänge zu besetzen!«
»So haben wir es auch gemacht«, murrt ein Polizist, »aber der Kerl muß durch einen Eingang entwischt sein!«

*

Eine Dame fährt mit zehn Kindern im Auto bei Rot über die Straße. Ein Polizist hält sie an und sagt: »Sie müssen rechtzeitig stoppen.«
»Das geht Sie einen Dreck an, es sind ja nicht alles meine Kinder«, sagt sie.

*

Brösek ruft bei der Polizei an: »Ich möchte anzeigen, daß meine Schwiegermutter verschwunden ist!«
Brummt der Polizist: »Wer möchte das nicht!«

*

Ein Auto, das im Zickzack über die Landstraße fährt, wird von einem Streifenwagen angehalten. »Sie sollten vielleicht lieber Ihre Frau fahren lassen«, empfiehlt der Polizist.
»Oh, nein«, lallt der Fahrer, »ich bin vielleicht besoffen, aber verrückt bin ich nicht.«

*

»Sind Sie verheiratet?«
»Ja, Herr Kommissar.«
»Sie lügen. Wir haben Geld in Ihren Taschen gefunden!«

*

Ein Polizist beobachtet, wie ein Passant ein Stück Papier auf die Straße wirft. »Das ist verboten«, sagt er, kassiert fünf Mark und gibt dem Mann eine Quittung.
»Was soll ich denn damit?«, murrt der Bestrafte zornig.
»Die können Sie wegwerfen!«, antwortet der Beamte.

✻

Der Polizist hat den Wagen von Müller gestoppt. »Mann, Ihr Wagen hat ja gar kein Nummernschild!«
»Überflüssig!« winkt Müller ab. »Ich kenne die Nummer auswendig!«

✻

Ein Polizist schreit einen Mann im See an: »Wissen Sie nicht, daß das Baden hier verboten ist?«
Schreit der zurück: »Ich bade nicht, ich ertrinke.«

✻

Ein großer amerikanischer Wagen rast durch Frankfurt. Plötzlich stoppt er ab, und der Fahrer fragt einen Polizisten, ob er auf dem richtigen Wege zum Goethehaus sei.
»Gewiß«, sagt der Polizist, »doch Sie brauchen nicht zu rasen. Goethe treffen Sie nämlich nicht mehr, der ist schon lange tot.«

✻

In Offenburg hat man gestern 30000 Glühbirnen gestohlen. Die Polizei tappt noch im dunkeln.

✻

Polizeiliche Suchmeldung im Radio: »Gesucht wird ein grüner Volkswagen K 70 mit dem amtlichen Kennzeichen WL-CC 776. Besondere Kennzeichen: Die amtlichen Kennzeichen fehlen!«

✽

Eine Verkehrskontrolle stoppt einen Lastwagenfahrer: »Mann, wo ist denn Ihr Rücklicht?«
Der Fahrer geht um den Laster herum und sagt: »Was schert mich denn dieses blöde Rücklicht? Sagen Sie mir lieber, wo mein Anhänger geblieben ist!«

»Hallo, zurück aus dem Urlaub?«
»Ja, es war sehr schön.«
»Sind Sie denn auch in Rom gewesen?«
»Weiß ich nicht, die Fahrkarten hat immer mein Mann besorgt.«

Hinkelstein wird volltrunken am Steuer erwischt. Die Polizei macht eine Blutprobe. Nach einigen Tagen kommt der Laborbericht: »Bei der eingesandten Probe handelt es sich um guten schottischen Whisky, die Marke konnte leider nicht mehr festgestellt werden.«

✳

Ein Autohändler ruft bei der Polizei an. »Hier ist ein Mann, Herr Kommissar, der ist sehr verdächtig. Er will einen Wagen bar bezahlen.«

✳

Ostfriesische Polizeianwärter werden geprüft. Fragt der Prüfer den hellen Fietje: »Was tun Sie, wenn Sie einen Ermordeten zum Beispiel in einem Rhabarberfeld finden?«
»Ich lege ihn in ein Salatfeld!«
»Warum?«
»Ich weiß nicht, wie man Rhabarber schreibt!«

✳

Der Streifenpolizist wird in der Züricher Bahnhofstraße von einem Betrunkenen angehalten und gefragt: »Sagen Sie, gnädiges Fräulein, wo bin ich denn hier eigentlich?«
Der Beamte erwidert stolz: »Mein Herr, Sie befinden sich in der Bahnhofstraße, der Hauptgeschäftsstraße der Stadt Zürich, welche die größte...«
Hier unterbricht ihn der Betrunkene: »Keine Einzelheiten, bitte, mir genügt das Land!«

✳

»Ich bin bestimmt nicht zu schnell gefahren«, protestiert der Autofahrer, als er von der Polizeistreife angehalten wird.
»Das sagen alle«, meint der Polizist.
»Na sehen Sie, wenn das alle sagen, muß es doch stimmen!«

✽

»Wann haben Sie gemerkt, daß da Diebe am Werk sind?« fragt der Polizist den Nachbarn.
»Nun, anfangs glaubte ich, das wären Männer von einer Speditionsfirma. Doch als sie dann immer schneller arbeiteten, kam mir die Sache verdächtig vor!«

✽

Der Polizist kontrolliert die Papiere des Leierkastenmannes: »Da ist etwas nicht in Ordnung. Begleiten Sie mich!«
Der Alte: »Gern, was woll'n Se denn singen?«

✽

Es regnet in Strömen. Stockbetrunken liegt Emil in einer Riesenpfütze und versucht vergeblich, auf die Beine zu kommen. Schließlich kommt ihm ein Polizist zu Hilfe, doch Emil wehrt großzügig ab: »Nein, nein, lassen Sie mal, ich kann schwi... schwimmen, retten Sie zuerst mal Frauen und Kinder!«

✽

Polizei-Stilblüte: »Der Aufgegriffene ist seiner Bildung nach ein dummer Mensch.«

✽

»Herr Wachtmeister, mich hat ein Tier überfallen!«
»Wie sah denn das Tier aus?«
»Na, etwa so wie ein Elefant.«
»Was heißt hier ›etwa so‹? War es nun ein Elefant oder nicht?«
»Keine Ahnung. Es trug eine Maske!«

✻

Der Betrunkene spricht nachts mit einem Polizisten: »Entschuldigen Sie, ich w-w-weiß nicht mehr, w-wo ich mein Auto abgestellt habe.«
Meint der Polizist streng: »Aber in Ihrem Zustand sollten Sie einen Bus nehmen.«
»Geht nicht«, lallt der Betrunkene,« d-d-der paßt n-n-nicht in meine Ga-Gara-ge!«

✻

Karl geht auf die Polizeiwache: »Meine Frau ist seit einer Woche verschwunden.«
»Und da vermissen Sie sie erst jetzt?«
»Ja, ich habe kein Geschirr mehr im Schrank!«

✻

Kriminalbeamter zum Apotheker: »Sie haben statt der verlangten Arznei Gift verkauft. Der Mann ist tot!«
»Was Sie nicht sagen!« wundert sich der Apotheker. »Deshalb also werden die Kunden immer weniger.«

✻

Das Auto aus den USA hält neben einem Polizisten. Der Fahrer kurbelt die Scheibe runter, sagt ungeduldig: »Ich suche einen Parkplatz.«
Erwidert der Polizist höflich: »Und deshalb sind Sie extra aus den Staaten gekommen?«

*

Polizist: »Haben Sie denn nicht gesehen, daß hier eine Einbahnstraße ist. Hier darf man nur in eine Richtung fahren!«
»Na und? Bin ich denn vielleicht in zwei Richtungen gefahren?«

*

Irgendwo ist ein Verbrechen begangen worden. Die Polizei läßt niemand an den Tatort. Auch ein Zeitungsreporter wird abgewehrt.
»Aber ich bin doch eigens wegen des Mordes hergeschickt worden!«
Kommissar: »Sie kommen zu spät. Das Verbrechen wurde schon begangen...«

*

Tünnes hat beim Einparken Vorderwagen und Hinterwagen beschädigt. »Ich habe meine Brille vergessen«, gibt er zu Protokoll, »und da mußte ich nach Gehör pracken.«

*

Die kesse Lolita sagte zu dem Polizisten: »Herr Wachtmeister, diese beiden Herren verfolgen mich schon seit einer Stunde! Können Sie nicht den dicken, kurzatmigen verjagen oder verhaften?«

*»Ich weiß gar nicht, was die Leute immer gegen uns Beamte
haben, wir tun doch gar nichts!«*

Eva blockiert mit ihrem Kleinwagen die Kreuzung. »Warum fahren
Sie denn nicht weiter?« fragt der Polizeibeamte ungeduldig.
»Geht nicht«, erklärt Eva kleinlaut, »mein Wagen klebt an einem
Kaugummi!«

*

Silvesternacht auf dem Parkplatz. Knolle sieht einen Mann die
Autos der Reihe nach abtasten. »He – hick!« ruft er. »So fffinden
Sie Ihre Karre nnie!«
Der andere: »Ich schon. Ich hab' – hupp – nämlich Blllaulllicht
drauf!«

*

Zwei Polizisten finden vor einer Haustür einen Betrunkenen am Boden: »Name?«
»Kasper«, lallte der.
»Adresse?«
»Alleestraße 3, vierter Stock!«
Die Polizisten schauen auf die Haustür – die Adresse stimmt – nehmen den Mann, tragen ihn ins Treppenhaus, vier Etagen hoch, Tür auf, rein. Als sie wieder herunterkommen, liegt in der Haustür wieder ein Mann. »Name?«
»Kasper.«
»Adresse?«
»Alleestraße 3, vierter Stock.«
Nachdem sie auch diesen Betrunkenen hochgeschafft haben, finden sie unten noch einen: »Heißen Sie etwa auch Kasper?«
»Ja.«
»Säuft denn bei Ihnen die ganze Familie?«
»Was heißt hier saufen? Mir ist schlecht. Ich weiß gar nicht, warum Sie mich dauernd den Fahrstuhlschacht runterschmeißen!«

*

»Woran ist Ihnen aufgefallen, daß der Autofahrer betrunken war, Herr Wachtmeister?«
»Er hat einen Groschen in die Parkuhr gesteckt und gestöhnt: »Ach du meine Güte. Ich wiege ja nur noch dreißig Pfund!«

*

Im Fahndungsblatt der Schweizer Polizei wird vor einer diebischen Anhalterin gewarnt. Ihre Kennzeichen: Vollschlank, 30 Jahre, Blinddarmnarbe!

*

Die Kripo macht bei Knacker-Ede eine Haussuchung und findet eine Kassette. »Was haben Sie denn da drin?« fragt der Kommissar. »Det weeß ick ooch nich, Herr Kommissar«, erwidert Ede treuherzig. »Det soll nämlich 'ne Weihnachtsüberraschung werden für mir!«

✼

Der junge Playboy sitzt lässig in seinem Sportwagen, die rechte Hand um seine Begleiterin gelegt, mit der Linken lenkt er. Ein Polizist hält ihn an: »Sie müssen schon beide Hände nehmen«, warnt er den jungen Mann.
»Sie haben gut reden, Herr Wachtmeister. Mit was soll ich denn lenken?«

✼

»Haben Sie getrunken?« fragt der Polizist.
»Nur aus Kummer«, lallt der Autofahrer.
»Machen Sie, daß Sie nach Hause kommen«, meint der Beamte, »ich will es bei einer Verwarnung belassen.«
»Danke, es ist ja auch nur der Kummer, daß man mir meinen Führerschein letzte Woche abgenommen hat.«

✼

Ein Polizist zu dem Betrunkenen vor der Haustür: »Jetzt geben Sie mir mal den Schlüssel, in Ihrem Zustand finden Sie ja das Schlüsselloch doch nicht!«
»Und ob ich es finde«, lallt der Betrunkene, »halten Sie mal eben das Auto fest!«

✼

»Gestern war ich bei Frau Schneider. Da liegen in jedem Zimmer Perser!«
»Hab ich doch gewußt, daß die was mit den Ausländern hat!«

Ein Mann läuft zur Polizei: »In meinem Garten waren Bankräuber!«
»Haben Sie denn dort etwas versteckt?«
»Wieso versteckt? Sie haben meine Bank geraubt!«

*

In Berlin an einer Kreuzung regelt ein Polizist den Verkehr. Ein kleiner Steppke schaut ihm andächtig zu. Meint der Wachtmeister: »Na, Kleener, willste wohl ooch mal Polizist werden?«
»Nee, ick nich, aba mein Bruder, der faule Hund!«

*

»Wer sind die besten Energiesparer? »Klarer Fall, die Kripo – Leute. Sie tappen fast immer im Dunkeln.«

*

Nach dem Fußballspiel bemerkt ein Polizist einen Mann, der heimlich durch eine Nebentür das Stadion verläßt. Kaum ist der Mann auf der Straße, setzt er sich eine dunkle Brille auf und zieht einen falschen Bart aus der Tasche.
»Jetzt habe ich Sie erwischt!« triumphiert der Polizist. »Sie sind ein Betrüger!«
»Nein«, erwidert der Mann, »nur der Schiedsrichter!«

*

Zwei alte Freunde treffen sich, die zusammen als Verkäufer gearbeitet hatten. Sagt der eine: »Ich habe gehört, du bist jetzt bei der Polizei. Wie gefällt es dir denn da?«
»Prächtig! Das Gehalt reicht aus, der Dienst ist erträglich – und was mir am meisten imponiert: Der Kunde hat immer unrecht!«

*

»Und wie haben Sie es geschafft«, wird der Polizeipräsident einer Großstadt gefragt, »daß in Ihrer Stadt die Banküberfälle stark zurückgegangen sind?«
»Ganz einfach: Wir haben um alle Banken herum Halteverbotsschilder aufgestellt!«

*

Bei einer Rauferei, an der offenbar der ganze Ort beteiligt ist, fragt ein Tourist einen Einheimischen: »Gibt es denn hier keinen Polizisten, der für Ruhe und Ordnung sorgt?«
»Doch, das schon, aber der liegt ganz unten!« kam die Antwort.

*

Der Lastwagen auf der Autobahn hält alle paar Kilometer an. Der Fahrer springt heraus und schlägt mit einer Latte gegen die Plane. Die Polizei hält den LKW an und fragt den Fahrer, was das bedeuten soll. Die Antwort: »Das ist ein Dreitonner. Ich habe fünf Tonnen Wellensittiche geladen, daher muß ich zwei Tonnen immer im Fliegen halten!«

✻

Mitten auf der Kreuzung stoßen in der Silvesternacht zwei Autos zusammen. Ein Polizist kommt und zückt seinen Notizblock. Darauf der eine Fahrer: »Aber, Herr Wachtmeister, man wird doch noch aufs neue Jahr anstoßen dürfen!«

✻

»Haben Sie eigentlich große Schwierigkeiten, die Mitglieder Ihres Vereins zusammenzuhalten?«
»Zusammenzuhalten? Bei der letzten Versammlung brauchten wir sechs Polizisten, um sie wieder auseinander zu bekommen!«

✻

Es war schon längst nach Mitternacht. Ein Polizist beobachtet einen Mann, der zögernd vor einer Haustür steht. »Wo wollen Sie denn hin, mein Herr«, fragt der Polizist.
»Ich muß... ich muß zu einem Vortrag...«, stottert der Mann.
»Zu einem Vortrag?«, fragt der Polizist erstaunt.
»Um diese Zeit sind doch alle Vorträge längst zu Ende.«
»Da kennen Sie meine Frau aber schlecht«, meint der Mann bedrückt.

✻

Müller stürzt zur Polizei: »Herr Wachtmeister, bei uns ist eingebrochen worden. Wir saßen gerade in der Küche, als die Diebe gekommen sein müssen.«
»Und Sie haben nichts gehört?«
»Nein, wir aßen gerade Suppe!«

※

Ein Polizist schaut einem Angler zu. Der wird nervös und meint: »Ist es vielleicht ein Verbrechen, hier einen Karpfen zu fangen?«
»Ein Verbrechen nicht«, sagt der Polizist, »aber ein großes Wunder!«

※

»Wie sehen Sie denn aus, Herr Nachbar? Hat man Ihnen in die Schnauze geschlagen? Dann gehen Sie doch zur Polizei!«
»Der Nachbar: »Sie werden lachen, aber von dort komme ich gerade!«

※

Sagt eine Dame atemlos zum Polizisten: »Der Mann da drüben verfolgt mich. Ich glaube, er ist betrunken.«
Der Polizist sieht sich die Dame von oben bis unten an, dann meint er: »Sie haben recht. Er muß betrunken sein!«

※

Ein Mann ist ins Wasser gefallen und brüllt aus Leibeskräften: »Hilfe, Hilfe! Ich kann nicht schwimmen.«
Kommt ein Polizist vorbei und ruft: »Ich kann auch nicht schwimmen, aber mache ich deswegen auch solch einen Lärm?«

Zwei Männer in Montevideo hatten nachts ein Auto gestohlen und fuhren damit so schnell um die Ecke, daß ein emporgeschleuderter Stein das Schaufenster eines Juweliers traf und die Alarmglocke auslöste. Kurz darauf kam ihnen das Überfallkommando entgegen, das sie wegen ihres schnellen Fahrens für die Juwelendiebe hielt und stoppte. Erst auf der Wache stellte sich heraus, daß es ›bescheidene‹ Auroräuber waren.

❋

Der Kommissar faßt den Gangster, der sich als Frau verkleidet hat.
»Wie hast du das bloß herausgebracht«, fragte der Kollege.
»Ganz einfach. Er ging an zwei Boutiquen vorbei und sah nicht rein!«

❋

»Mami, ich habe Papi in der Stadt gesehen. Er führte zwei Polizisten spazieren.«
»Wirklich?«
»Ja, er hatte an jeder Hand einen.«

❋

Der flotte Jim aus Texas erscheint auf der Polizeiwache und stellt einen kleinen Koffer auf den Tisch. »Was ist denn da drin?« will der diensthabende Polizist wissen.
»Mein Schlafanzug, mein Rasierapparat und die Zahnbürste«, meint der flotte Jim.
»Und was sollen wir damit?«
»Ich gehe jetzt zu einer kleinen Familienfeier bei guten Freunden. Da werde ich sicher anschließend hier landen.«

❋

*Müller geht an Krücken. »Was ist dir denn passiert?«
»Autounfall!« – »Schrecklich! Ohne Krücken kannst Du wohl
nicht gehen?« – »Weiß nicht. Mein Arzt sagt ja,
mein Anwalt nein.«*

»Ach, hätte ich doch bloß auf meine liebe, gute, alte Mutter gehört!« jammert der Knastbruder, als er in die Zelle geschubst wird.
»Was hat denn deine liebe, gute, alte Mutter gesagt?« fragt der Zellengenosse.
»Paß auf, hat sie gesagt, da kommen zwei Bullen, knall ihnen eins vor'n Latz, und hau schnell ab durch die Hintertür!«

*

Mit allen Anzeichen des Entsetzens stürzt ein Mann in die Polizeiwache. »Herr Wachtmeister, ich habe die Hand gegen meine Frau erhoben – bitte sperren Sie mich ein!« ruft er.
Der Beamte vom Dienst springt auf. »Ist sie tot?« fragt er.
»Nein«, erwidert der Mann hastig, »aber sie ist hinter mir her!«

*

Eine Bank wurde zum dritten Mal von demselben Mann ausgeraubt. Fragt der Polizist den Kassierer, ob ihm etwas Besonderes an dem Räuber aufgefallen sei. »Ja«, sagt der, »er war jedesmal besser gekleidet!«

*

Ein Mann wird festgenommen, die Polizei hat ihn im Verdacht, seine Frau umgebracht zu haben. »Viermal sind Sie bereits verwitwet?« hält ihm der Beamte bei der Vernehmung entgegen, »und jedesmal ist Ihre Frau merkwürdigerweise an Pilzvergiftung gestorben. Nun sagen Sie bloß, bei Ihrer fünften Frau war es auch wieder Pilzvergiftung!«
»Nein«, bekennt der Verdächtige, »ich habe sie erschlagen.«
»Aha. Und warum haben Sie das getan?«
»Sie wollte keine Pilze essen.«

*

»Wie kamen Sie zum Auto?« fragte der Sheriff den Tramp.
»Auf ehrliche Weise, Sir«, beteuerte der Tramp. »Ich fand es herrenlos auf einem Friedhof. Unter diesen Umständen mußte ich annehmen, der Besitzer sei gestorben.«

*

Ein Polizist stoppt Knöselberger in seinem altersschwachen Auto.
»Haben Sie etwas getrunken?«
»Nee, warum?« fragt Knöselberger: »Ist das jetzt Pflicht?«

*

Ein Polizist hält einen Mann auf einem Fahrrad an. »Kein Vorderlicht, keine Rückstrahler, keine Bremsen, kein Schutzblech. Das macht mindestens 60 Mark!«
»Das ist ganz schön teuer. Da hinten kommt aber einer ganz ohne Fahrrad!«

*

Der Professor besucht München. Er wendet sich an einen Polizisten und fragt, wo das Rathaus ist.
Freundlich erklärt ihm der Beamte den Weg.
»Danke«, sagt der Professor, »Sie können sich wieder setzen!«

*

Ein Mann liegt auf einem Straßengully und wirft ein Geldstück nach dem anderen hinein. »Was machen Sie denn da?« fragt ein Polizist, der zufällig vorbeikommt.
»Sie sehen doch«, knurrt der Mann, »ich spare.«

*

Ein Polizist stoppt einen Tippelbruder: »Haben Sie in der letzten Woche ein Bad genommen?«
»Nein, fehlt irgendwo eins?«

*

Ein Polizist rast mit dem Motorrad hinter einem Wagen her, überholt ihn und bringt ihn zum Stehen. »Sie haben die zulässige Höchstgeschwindigkeit überschritten«, sagt er streng und zückt sein Notizbuch.
Eine Dame, die neben dem Fahrer sitzt, sagt: »Statuieren Sie ein Exempel, bestrafen Sie ihn, so hoch Sie können! Er will ja nicht auf mich hören!«
Der Polizist sieht erstaunt auf, dann fragt er den Fahrer: Ihre Frau?«
»Ja«, antwortete der Fahrer mit zusammengebissenen Zähnen.
Der Polizist sieht dem Mann am Steuer voll Mitgefühl in die Augen: »Fahren Sie zu, mein Freund, fahren Sie zu!«

*

Ein Betrunkener geht die Straße entlang, indem er immer ein Bein auf den Bürgersteig und das andere auf die Fahrbahn setzt. Schließlich hält ihn ein Polizist an: »Warum laufen Sie denn so merkwürdig. Sie sind wohl betrunken?«
»Betrunken? Gott sei Dank, ja, das ist es! Ich dachte schon, ein Bein sei kürzer.«

*

»Guten Tag, Herr Wachtmeister. Was ich schon immer mal fragen wollte: Darf man zu einem Polizisten Rindvieh sagen?«
Verständnislos schüttelt der Ordnungshüter den Kopf: »Natürlich nicht, das wäre Beamtenbeleidigung.«
»So, so – aber darf man zu einem Rindvieh Herr Wachtmeister sagen?«
»Ja also – wenn es Ihnen Spaß macht, von mir aus.«
»Na denn, auf Wiedersehen, Herr Wachtmeister!«

*

»So, nun unterschreiben Sie hier das Protokoll«, sagt der Polizist
zum Tippelbruder auf der Wache.
»Ich bin Analphabet!«
»Egal, Ihre Religion steht hier nicht zur Debatte!«

In der Kleinstadt finden zwei Polizisten vor dem Gymnasium einen erstochenen Menschen. »Mensch«, sagt der eine Beamte, »weißt du, wie man Gymnasium schreibt? Wir müssen doch in unserem Bericht erwähnen, wo er gelegen hat.«
»Nee«, erwidert der andere, »weißt du was? Wir legen ihn vor die Post!«

*

In Irland wird viel getrunken. Der Ire Molloy vertrinkt jeweils seinen Zahltag und landet regelmäßig mit seinem Rausch auf der Polizeiwache. Am Zahltag kommt Molloy nicht nach Hause. Seine Frau geht zur Wache und fragt: »Ist mein Mann da?«
Der Polizist: »Nehmen Sie Platz, wir erwarten ihn!«

✳

Der steckbrieflich gesuchte Jorge Velz beschwert sich bei der Polizei in Caracas, daß sein Bild auf dem Steckbrief zu unvorteilhaft sei. »In Wirklichkeit sehe ich viel schöner aus«, schreibt er, »ich bin auch nicht 1,72 Meter groß, sondern ein stattlicher Mann von 1,81 Meter Größe.« In den Briefumschlag steckt er eine Fotografie, mit der Bitte um freundliche Verwendung. Der Steckbrief wird geändert, der Gesuchte am selbigen Tage festgenommen.

✳

Ein junger Polizist kommt zur Wache zurück und berichtet stolz: »Heute habe ich 285 Falschparker aufgeschrieben!«
«Wo denn?« fragt der Chef.
»Im Autokino!«

✳

Heulend steht Frau Hieber im Polizeirevier: »Mein Mann ist spurlos verschwunden!«
»Ist Ihnen denn vorher gar nichts am Verhalten Ihres Mannes aufgefallen?« fragt der Beamte.
»Eigentlich nicht, ich habe mich bloß gewundert, daß er zum Joggen drei Koffer mitgenommen hat!«

✳

Der Meisteragent bekommt einen Auftrag. Er soll ein geheimes, vertrauliches Papier überingen. »Der Empfänger heißt Bergner und wohnt Alletinstraße 12. Sie läuten, und wenn er öffnet, sagen Sie nur: Ihr Telefon ist gestört, Sie brauchen einen neuen Hörer.
Er wird antworten: Der Schaden wurde gestern behoben, und damit seid ihr beide legitimiert«, sagt der Boß.
Als der Agent in die Alletinstraße kommt, stellt er fest, daß im Hause zwei Bergner wohnen. Er läutet auf gut Glück im ersten Stock. »Herr Bergner, Ihr Telefon ist gestört.«
Aber da wird er schon unterbrochen. »Nein, nein«, wird er freundlich belehrt, »ich bin bei der Eisenbahn. Der Spion wohnt im dritten Stock!«

»Herr Wirt, in dem Mandelkuchen, den Sie mir gebracht haben, ist ja keine einzige Mandel...«
»Das sagt gar nichts, mein Herr, – oder haben Sie vielleicht schon einmal einen Kaiser in einem Kaiserschmarren gefunden?«

*»Gehst du denn nicht ins Büro?« – »Verdammt nochmal!
Jetzt dachte ich doch, ich wäre schon längst da!«*

Die Polizei warnt die Bevölkerung vor einem schielenden Einbrecher: »Wenn Sie den Mann vor Ihrem Fenster stehen sehen, dann alarmieren Sie sofort Ihren Nachbarn.«

*

Anruf bei der Polizei: »In meinem Zimmer tickt eine Bombe. Was soll ich machen?«
»Wir kommen. Solange sie tickt, haben Sie nichts zu befürchten.«

*

Silvia, von der Sittenpolizei geschnappt, muß vor Gericht erscheinen. Als der Richter hereinkommt, ruft Silvia: »Dieter, hier arbeitest du also!«

*

In der Münchner Innenstadt hält ein Polizist einen LKW an, der zwanzig lange Baumstämme geladen hat. Der Polizist stellt den Fahrer zur Rede, ob er die Straßenverkehrsordnung kenne, die den Transport von so langen Baumstämmen ausdrücklich verbietet.
»Das weiß ich, Herr Wachtmeister, aber wir brauchen die Stangen unzerschnitten, anders geht's nicht!«
»Was soll denn das heißen?«
»Ja, wissen S', die brauchen wir im Ganzen – daraus machen wir nämlich Mundharmonikas für Preußen!«

✳

Aus einem Polizeibericht: »Noch am Unfallort konnte die Unschuld der Fahrerin einwandfrei festgestellt werden!«

✳

Frau Maier fährt bei Rot über die Kreuzung und wird gestoppt. Als der Polizist ihre Personalien überprüfen will, sagt sie mit charmantem Lächeln: »Würde die Sache sich nicht ausgleichen lassen, indem ich einfach an der nächsten Ampel bei Grün anhalte?«

✳

Der Polizist zum Einbrecher, der auf frischer Tat verhaftet worden ist: »Ist der Einbruch in der vergangenen Nacht nun so abgelaufen, wie wir ihn rekonstruiert haben, Mann?«
»Nee, Herr Wachtmeister, nicht ganz so – aber ich werde mir Ihren Trick für das nächste Mal merken dürfen, oder?«

✳

»Herr Wachtmeister, man hat mir gestern abend meine Brieftasche gestohlen.«
»Wie sah sie denn aus?«
»Blond, groß, tolle Figur, richtig knackig...«

*

Frau Maier ist beim Kaufhaus-Diebstahl erwischt worden. »Weshalb haben Sie die billige Seife geklaut?«
»Die war im Sonderangebot!«

*

Eine Mutter – sie erwartet ihr elftes Kind – muß auf der Polizeiwache eine Aussage machen. Der Beamte fragt: »Ist Hamburg Ihr Geburtsort?«
»Ja, meistens!«

*

»Zukünftig werde ich nur noch mit dem Herrn Bürgermeister verhandeln, da ich es als Arztwitwe nicht nötig habe, mich mit den unteren Organen der Polizei zu befassen!«

*

»Sie sind in einen anderen Stadtteil gezogen, höre ich. Was wohnen denn da für Leute?«
»Nun, schwer zu sagen, jedenfalls – wenn dort einer mal pünktlich die Miete zahlt, ist sofort die Polizei da und erkundigt sich, woher er das Geld hat!«

*

In Moskau sitzt ein Richter vor einer Akte und lacht. »Warum lachst du?« fragt der Staatsanwalt.
»In dieser Akte steht ein toller politischer Witz.«
»Erzähle doch!«
»Nein, das darf ich nicht, dafür habe ich eben fünf Jahre gegeben.«

*

Frage an Radio Eriwan: »Warum bauen wir Raumschiffe, wo es nicht einmal eine Fahrradklingel zu kaufen gibt?«
Radio Eriwan antwortet: »Wie kommen Sie zu einem Fahrrad?«

*

An einem Fahrkartenschalter in Ostberlin fordert Frau Pinkow: »Bitte eine Karte nach Kürze.«
Der Beamte: »Kürze gibt es nicht.«
Frau Pinkow: »Aber gewiß. Honecker hat doch gesagt, in Kürze gebe es alles.«

*

Frage an Radio Eriwan: »Fahren im Westen mehr Autos als bei uns?«
»Im Prinzip ja. Aber man beneidet uns um unsere vielen Parkplätze.«

*

Ein Türke wird in Westberlin von einem Polizisten angehalten: »Können Sie sich ausweisen?«
»Wieso, muß man das jetzt schon selber tun?«

In Ostberlin kommt ein Mann aufs Polizeirevier: »Ich will eine Ausreisegenehmigung.«
»Sind Sie hier nicht glücklich?« fragt der Polizist.
»Ich kann mich nicht beklagen.«
»Gefällt Ihnen Ihre Arbeitsstelle nicht?«
»Ich kann mich nicht beklagen.«
»Sind Sie mit den Lebensbedingungen nicht zufrieden?«
»Ich kann mich nicht beklagen.«
»Warum wollen Sie dann in den Westen?«
»Da kann ich mich beklagen.«

*

»Herr Doktor, was kann ich tun, um rasch schlank zu werden?«
»Wählen Sie die SPD. Laut Meinungsumfrage nehmen die SPD-Wähler rapide ab.«

*

Graf Lambsdorff beantragt ein Dienstfahrrad: »Ich stelle nur drei Bedingungen: ein Rad ohne Spiegel, ohne Flickzeug und ohne Rücktritt.«

*

»Warum können die USA und Kanada den Sowjets so viel Weizen und Lebensmittel liefern?«
Russischer Funktionär: »Daran ist die katastrophale Überproduktion unter dem Kapitalismus schuld!«

*

Ehemann zur Ehefrau: »Sag, Elisa, willst du mich wirklich verlassen, oder willst du mir nur eine vorübergehende Freude machen?«

Aufdruck auf den Zustellungen der Steuerämter des Bundesstaates Ohio: »Zahlen Sie Ihre Steuern mit einem Lächeln!«
Ein Witzbold schickte seinen Steuerzettel mit dem Nachsatz zurück: »Ich habe gelächelt – und hoffe, damit meinen Verpflichtungen nachgekommen zu sein!«

*

Ein Fischer, ein Jäger und ein Politiker sind unterwegs ins Jenseits. Sie gelangen an einen Sumpf der Lüge. Je mehr man gelogen hat, desto tiefer versinkt man. Der Jäger, der schon viel erzählt hat, ist sofort bis zur Brust versunken. Verzweifelt dreht er sich um und sieht den Fischer nur bis zu den Knöcheln im Morast stecken. Verwundert ruft er ihm zu: »Wie ist das möglich, du hast aus jedem mickrigen Rotauge einen stolzen Hecht gemacht.«
»Psst«, antwortet da der Petri-Jünger, »ich stehe auf einem Politiker...«

*

Frage an Radio Eriwan: »Ich habe in unserer langjährigen Ehe sehr oft meinen Mann betrogen, ohne daß er etwas davon merkte. Soll ich ihm jetzt die Augen öffnen?«
»Warten Sie besser damit, bis er sie schließt.«

*

»Rechts ver-kohl und links ver-brandt!« sagte der Arzt zum Patienten, dem ein Kanonenschlag nach hinten losgegangen war.
PS: Der Patient war Genscher.

*

Zwei sächsische Buben versuchen das Nationalitätenschild ›GB‹ am Heck des Autos eines britischen Militärwagens zu entschlüsseln.
Auf »Griminal-Bolizei« tippt der eine, aber der andere hält seine Version für den heißeren Tip: »Das heißt beschdimmd Geenichreich Boolen.«

*

Wochenende: Nach der letzten Bonner Umfrage spielen die meisten Beamten in ihrer Freizeit deswegen Billard, weil sie so ständig in Übung bleiben, auch während ihrer Dienstzeit eine ruhige Kugel zu schieben.

*

»Warum wollen Sie denn in Ihrem Alter noch Schauspielunterricht nehmen? Wollen Sie zum Theater oder zum Fernsehen?«
»Nein, ich bin als Abgeordneter in den Bundestag gewählt worden.«

*

Fragt ein Russe den anderen: »Kannst du mir erklären, was das Moskauer Quartett ist?«
»Na klar, das ist das große Moskauer Sinfonie-Orchester nach einer USA-Reise.«

*

Meier besucht einen Freund in der DDR und fragt ihn: »Wenn einmal die Grenzen nach dem Westen offen sind, wirst du dann weiter in der DDR bleiben?«
»Aber nein, was soll ich denn alleine hier?«

*

Der alte Herr Kruse aus Dresden war auf Besuch in der Bundesrepublik. Fragt ihn sein Freund: »Na, wie war's denn drüben?«
»Genau wie hier. Für D-Mark bekommt man alles.«

*

Massenaustritte aus der polnischen KP. Um sie zu stoppen, erläßt der Parteichef eine Anordnung: »Wer ein neues Mitglied gewinnt, kann sechs Monate den Parteiveranstaltungen fernbleiben; wer fünf Mitglieder gewinnt, darf aus der Partei austreten; wer zehn neue Mitglieder gewinnt, bekommt eine Bescheinigung, daß er ein Parteimitglied war.«

✳

Zur Vorstellung des neuen polnischen Parteichefs kommen alle KP-Führer nach Moskau.
Gorbatschow bittet zum Picknick – aber im Sinne sozialistischer Sparsamkeit muß jeder sein Essen selbst mitbringen.
Gorbatschow packt trockenes Brot aus – bewunderndes Raunen der anderen: »Er ist uns schon wieder fünf Jahre voraus!«

✳

Frage an Radio Eriwan: »Soll die Frau links oder rechts im Bett liegen?«
Antwort: »Im Prinzip rechts. Doch die meisten sozialistischen Führer lassen ihre Frauen links liegen!«

✳

Quiz im sowjetischen Fernsehen. »Was ist Impressionismus?«
»Malen, was man sieht!«
»Und Expressionismus?«
»Malen, was man fühlt.«
»Und sozialistischer Realismus?«
»Malen, was man darf!«

✳

NATO-Oberbefehlshaber General Rogers fragt nach einem Vortrag einen Hauptmann der Bundeswehr: »Haben Sie alles verstanden, Hauptmann?«
Der Hauptmann: »Nein, Herr General, aber ich bin jetzt auf einer höheren Ebene verwirrt.«

✻

»Als wir die Regierung übernahmen«, so sagte der neue Minister, »befand sich unser Land am Rande des Abgrunds. Seither haben wir einen Schritt nach vorne gemacht!«

»Herr Ober, würden sie bitte die Tür schließen?« – »Gern, mein Herr. Zieht es Ihnen?« – »Das nicht, aber mein Schnitzel ist schon dreimal vom Teller geweht!«

»Das ist ja wie bei Stalin«, protestiert ein Verhafteter in Leningrad. »Ihr sperrt mich ohne Haftbefehl ein, und ich darf noch nicht einmal fragen, warum.«
Ein Beamter antwortet ihm: »Tröste dich, Brüderchen, denkst du, wir dürfen fragen, warum?«

✣

Ein DDR-Ober zum Gast: »Darf ich Ihnen unser Nationalgericht empfehlen? Gedämpfte Zunge.«

✣

»Sehen Sie«, sagt ein Mitglied des britischen Oberhauses, »ich bin als Engländer geboren, habe als Engländer gelebt und möchte als Engländer sterben.«
»Ja, aber haben Sie denn gar keinen Ehrgeiz?«

✣

Frage an Radio Eriwan: »Können Wanzen leuchten?«
Radio Eriwan antwortet: »Im Prinzip nein, aber wenn ja, wäre Moskau ein Lichtermeer.«

✣

Warschauer Scherzfrage: »Wissen Sie, warum Polen beim Weltuntergang verschont bleibt, als einziges Land?«
»Weil es in allem 50 Jahre hinterherhinkt.«

✣

»Genosse General, auf dem Roten Platz sitzen 1000 Soldaten und essen.«
»Warum auch nicht, laß sie doch essen.«
Ein wenig später: »Genosse General, auf dem Roten Platz sitzen jetzt 10000 Soldaten und essen.«
»Macht doch nichts.«
»Doch, sie essen mit Stäbchen.«

✽

Frage an Radio Eriwan: »Wie verhält sich die Sowjetregierung in einer völlig hoffnungslosen Lage?«
Radio Eriwan antwortet: »Wir geben keine Auskünfte über unsere Landwirtschaft.«

✽

»Die Steuerzahlung soll vereinfacht werden!«
»So?«
»Ja, vom nächsten Jahr an gibt jeder Steuerzahler sein gesamtes Einkommen beim Finanzamt ab und erhält dafür 365 Essenmarken!«

✽

Ein linker Lehrer befiehlt Fritzchen, 50 mal zu schreiben: »Mich ruft die SPD, dich ruft die SPD, uns ruft die SPD.«
Fritzchens Mutter ist empört. Der Vater beruhigt sie: »Solange Fritzchen ›ruft‹ mit ›pf‹ schreibt, laß ihn das ruhig machen.

✽

»Meine Schwiegermutter ist wie die Zeitung.« –
»Weiß sie auch so viel Neues?« –
»Nein, aber sie erscheint jeden Tag.«

Brandt und Wehner besuchen ein Kinderheim. Brandt verspricht 5000 Mark für Spielzeug. Später besuchen sie ein Gefängnis. Brandt verspricht 50000 Mark für Teppichboden und Fernseher.
»Warum soviel fürs Gefängnis?« fragt Wehner.
Brandt: »Was meinst du, wo wir hinkommen, wenn Strauß die Wahl gewinnt?«

✻

Ein Politiker bewirbt sich um ein hohes öffentliches Amt. Ein Reporter fragt ihn: »Haben Sie sich eigentlich schon überlegt, was Sie tun werden, wenn Sie gewählt werden?«
»Darüber mache ich mir keine Gedanken«, erwiderte er. »Was mich beschäftigt, ist was ich machen werde, wenn ich nicht gewählt werde!«

Kennen Sie die Abkürzung für: Ein Kanzlerkandidat der Union?
Antwort: Kakadu.

❋

Der Herr Minister hatte einen Autounfall. Seine Ärzte stellten einen Schädelbruch fest. Fragt der Staatssekretär: »Wird das nachteilige Folgen für seinen Verstand haben?«
»Tja, höchstwahrscheinlich!«
»Aber regieren wird er doch können?«
»Das auf jeden Fall!«

❋

Warum gibt es in der DDR keine Terroristen?
»Weil sie dort acht bis zehn Jahre auf ein Fluchtauto warten müssen!«

❋

Frage an Radio Eriwan: »Was tut man als erstes, wenn ein Zimmermann vom Dach gefallen ist?«
Antwort: »Man zieht ihm die Hände aus den Hosentaschen, damit es nach einem Arbeitsunfall aussieht.«

❋

»Wir sollten ein Abkommen treffen«, schlägt ein Politiker seinem Gegner vor.
»Ich verbreite künftig keine Lügen mehr über Sie, und Sie verschweigen dafür die Wahrheit über mich.«

❋

Gästegeplauder in Washington auf einer Party. »Ja, kennen Sie denn schon den neuesten Witz über das Weiße Haus?« fragt einer.
»Nein«, sagt ein anderer, »aber ehe Sie anfangen, möchte ich Ihnen mitteilen, daß ich im Weißen Haus arbeite.«
»Macht nichts«, erwidert der erste, »dann erzähle ich ihn ganz langsam.«

✻

In einer Debatte hält ein Politiker eine flammende Rede: »... und ich habe mich seit meinem Eintritt in die Politik aktiv für die Vermögensbildung eingesetzt!«
Zwischenruf: »Ja, aber nur für die eigene!«

✻

Der sowjetische Parteifunktionär Juri Popow auf Dienstreise. Aus Polen schreibt er: »Grüße aus dem freien Warschau.«
Aus der CSSR: »Grüße aus dem freien Prag.«
Aus Ungarn: »Grüße aus dem freien Budapest.«
Aus Bonn: »Grüße vom freien Juri.«

✻

Die Amerikaner fliegen zum Jupiter und sehen, daß die Russen bereits gelandet sind und den Jupiter rot anstreichen. Sie funken nach Houston: »Was sollen wir tun, die Russen streichen den Jupiter rot an?«
Antwort: »Schreibt drauf: Coca Cola!«

✻

Frage an Radio Eriwan: »Kann man überall frei wählen?«
Antwort: »Im Prinzip ja. In den USA konnte man zwischen Carter und Reagan wählen, in der Bundesrepublik zwischen Vogel und Kohl und bei uns, ob man vormittags oder nachmittags zur Wahl geht.«

*

Frantek kommt mißgestimmt von einer Parteiversammlung der polnischen KP zu Antek an den Biertisch. Sagt der: »Ich sehe, du bist nun doch in die Partei eingetreten, aber dein Parteiabzeichen trägst du auf der falschen Seite!«
»Weiß ich«, knurrt Frantek, »ich bin ja auch in die falsche Partei eingetreten.«

*

Zwei sowjetische Schriftsteller unterhalten sich: »Ich schreibe ein neues Buch.«
»Worüber?«
»Ein Mann und eine Frau treffen sich.«
»Aha – ein Roman!«
»Sie lieben sich.«
»Soso – also eine Liebesgeschichte!«
»Sie heiraten und finden eine Wohnung.«
»Ach so, ein Märchen!«

*

Ein Ostberliner geht zum Psychiater: »Herr Doktor, ich bin völlig verwirrt. Jede Nacht träume ich, daß ich über die Mauer klettere.«
»Davon träumen viele, das ist doch nichts Schlimmes.«
»Mag sein, Herr Doktor, aber ich klettere von West nach Ost!«

Ein deutscher Tourist kommt nach Hongkong. Bei der Zollabfertigung hat er Schwierigkeiten mit der Verständigung. Er will sich beschweren. Sofort kommt ein Mann hinzu: »Ich habe reizende Mädchen für Sie...«
»Verschwinden Sie, Mann!«
»Jung, knackig, sexy...!«
»Nun hören Sie doch endlich auf«, brüllt der Tourist, »was ich will, ist der deutsche Konsul!«
»Das ist zwar sehr schwierig und wird Sie eine Stange Geld kosten – aber ich werde es versuchen!«

*

»Wieviel Lebensmittel sind gelagert?« fragt Polens Parteichef Jaruzelski seinen Sozialminister.
»Mehl für drei Jahre, Öl für fünf Jahre, Zucker für zwei Jahre.«
»Nanu, ich habe gehört, daß wir so schlecht dastehen.«
Sozialminister: »Die Vorräte reichen für uns beide.«

*

Frage an Radio Eriwan: »Sollte man nicht die ganze Spionage abschaffen?«
Antwort: »Im Prinzip ja. Aber was sollen wir mit so vielen Arbeitslosen?«

*

Großer Empfang in der Botschaft. Der Sekretär stellt die Gäste vor.
»Und hier unsere Gäste aus Arabien: Herr und Frau und Frau und Frau Faisal...«

*

*»Mist-Buch! Gleich zu Beginn steht:
Man nehme eine saubere Schüssel...«*

Nachdem der erste tschechische Astronaut Wladimir Remek eine Woche mit einem Russen im Weltall gewesen ist, fragte einer in Prag: »Warum haben die Sowjets nicht zwei Tschechen ins Raumschiff gelassen?«
»Weil die dann in der Bundesrepublik gelandet wären.«

∗

Ein Wissenschaftler aus der Sowjetunion hatte die Besuchsgenehmigung für die Bundesrepublik erhalten. Er sollte Studien machen und nach seiner Rückkehr berichten. Zurückgekehrt fragte ihn ein Freund, was er denn in der Bundesrepublik studiert habe. »Das Sterben des Kapitalismus!« erwiderte der Wissenschaftler.
»Und wie war das?«
Der Wissenschaftler seufzte tief und sagte: »Ein schöner Tod!«

∗

Anfrage eines DDR-Bürgers an Radio Eriwan: »Dürfen kleine Funktionäre große Funktionäre kritisieren?«
»Im Prinzip ja, nur wäre es schade um die kleinen Funktionäre!«

✳

Der Finanzminister plant ein vereinfachtes Verfahren zur Steuererhebung. Danach gibt es nur noch ein einziges Formular mit vier Punkten:
1) Was haben Sie eingenommen?
2) Wieviel haben Sie verbraucht?
3) Was ist übrig?
4) Schicken Sie es her!

✳

Frage an Radio Eriwan: »Ich habe meinen Mann jetzt das dritte Mal in flagranti ertappt. Was soll ich davon halten...?«
Radio Eriwan antwortet: »... daß Ihr Mann auch nicht mehr der schnellste ist!«

✳

»Leipzig wurde zur heiligen Stadt der DDR erklärt. Dort finden zwei Messen im Jahre statt – dazwischen wird gefastet.«

✳

Frage an Radio Eriwan: »Stimmt es, daß der Besuch eines zünftigen Nachtlokals für Moskauer besonders teuer wird?«
»Im Prinzip nein. Nur der Flug nach Paris kostet allein 900 Rubel!«

✳

Warum begrüßen die Russen ihre ausländischen Gäste mit zwei Küssen?
Während des ersten Kusses flüstern sie dem Fremden ins linke Ohr: »Hast du mir was mitgebracht, Brüderchen?«
Während des zweiten Kusses flüstern sie ins rechte Ohr: »Es kann auch aus dem Westen sein!«

*

Bei der Bundesanstalt für Meteorologie in Offenbach ruft eine Frau an: »Ich beglückwünsche Sie zur Genauigkeit Ihrer Wetterprognosen. Ich habe gerade 20 000 Liter wolkenlosen Himmel aus meinem Keller gepumpt.«

*

Was ist in der DDR der Unterschied zwischen kriminell und asozial?
Früher war es kriminell, Westgeld zu haben, heute ist es asozial, keins zu haben.

*

Mai-Parade in Moskau. Aus besonderem Anlaß nehmen Alexander der Große, Cäsar und Napoleon teil. Alexander, als er die schweren Panzer sieht: »Mit denen hätte ich ganz Asien erobert.«
Cäsar über die Raketen: »Mit diesen Pfeilen hätte ich die ganze Welt beherrscht.«
Napoleon zeigt auf die KP-Zeitung »Prawda«. »Hätte ich die 1815 schon gekannt, wüßten die Leute nicht, daß ich die Schlacht bei Waterloo verloren habe.«

*

Die CDU/CSU wird – einem Bonner Gerücht zufolge – auf einer Pressekonferenz bekanntgeben, daß für die Bundestagswahl 1990 Luis Trenker an Stelle von Helmut Kohl als Kanzlerkandidat aufgestellt wird.
Begründung: Der Trenker kommt besser über den Berg.

*

Was die Bürger aus der DDR so sagen:
– Wir machen nicht viel, aber was wir machen, ist nicht zu gebrauchen.
– Spare mit jeder Minute, jeder Sekunde, jedem Pfennig, koste es, was es wolle.
– Alles wird besser, aber nichts wird gut.
– Damit immer mehr immer weniger tun müssen, müssen immer weniger immer mehr tun.
– Fünf Minuten dumm gestellt, erspart uns Arbeitszeit und Geld.
– Wo wir sind ist vorn, und wenn wir hinten sind, ist hinten vorn.

*

Polens Staatschef ist amtsmüde und bestimmt seinen Fahrer zu seinem Nachfolger: »Du hast drei Probleme: Arbeitslosigkeit, die schlechte Versorgung in den Geschäften und die viel zu vollen Kirchen.« Bereits nach einer Woche sind die Schwierigkeiten behoben. Erstaunt fragt Jaruzelski seinen ehemaligen Fahrer: »Wie hast du denn das geschafft?«
Die Antwort: »Ganz einfach! Ich habe die Grenzen zum Westen geöffnet, und schon waren die Arbeitslosen weg. Dann habe ich die Grenzen nach Osten geschlossen, seitdem gibt es wieder alles zu kaufen. Und auch die Kirchen sind jetzt immer schön leer: Ich habe überall Ihr Bild hinhängen lassen.«

»*Ich erzähle Klatschereien ja nicht gern weiter, aber – was soll man sonst damit machen?*«

Sonntagmorgen in Leipzig. Fritzchen fragt seinen Vater: »Was ist ein Genosse?«
»Ich bin einer.«
»Und eine Aktivistin?«
»Deine Mutter ist eine, weil sie so fleißig ist.«
»Was ist die Zukunft?«
»Deine kleine Schwester, die ist die Zukunft der Republik.«
Fritzchen in der Nacht zum Vater: »Genosse, weck' mal die Aktivistin, die Zukunft ist be...«

*

Warum trinkt der Russe Wodka, der Schotte Whisky, der Italiener Wein und der Deutsche Bier?«
Damit man die einzelnen Völker an ihrer Fahne erkennen kann!

✻

Gorbatschow im Politbüro: »Genossen, wißt ihr, was Meinungsaustausch ist?«
»Meinungsaustausch ist, wenn Staatsgäste mit einer eigenen Meinung hierherkommen und mit meiner Meinung wieder zurückfahren.«

✻

Was hat der DDR-Kaffee ›Mix‹ mit der Neutronenbombe gemeinsam?«
»Der Mensch wird vernichtet, nur die Tasse bleibt heil.«

✻

In der DDR wird dieser Witz erzählt: Neulich treffe ich meinen Freund Karl mit einem Kranz im Arm. »Mensch, Karl, wer ist denn gestorben?«
»Wieso gestorben, es gab gerade welche.«

✻

Der kleine Unterschied:
Leute mit 50 000 Mark Schulden sind kleine Gauner,
Leute mit fünf Millionen Schulden sind große Gauner, und
Leute mit fünf Milliarden Mark Schulden sind eine Regierung.

✻

Der Parlamentarier ist Diplomat geworden und darf seine Laufbahn in Rom beginnen. Auf dem ersten Empfang, an dem er die Ehre hat teilzunehmen, ist er Tischherr einer bezaubernden Römerin. »Gnädigste«, beginnt er schwungvoll die Unterhaltung, »ich bin glücklich, in Rom weilen zu dürfen und die vielen herrlichen Ruinen zu sehen, das Forum, das Kolosseum – und natürlich auch Sie, Verehrteste...«

*

Reagan trifft Gott und will wissen, wann die Amerikaner Vietnam vergessen werden.
Gott: »In 20 Jahren.«
Reagan: »Das ist uninteressant für mich, dann bin ich nicht mehr im Amt!«
Gorbatschow trifft Gott und will wissen, wann die Sowjetunion den Kommunismus verwirklicht haben wird.
Gott: »In 100 Jahren.«
Gorbatschow: »Das ist uninteressant für mich, dann bin ich nicht mehr im Amt!«
Kohl trifft Gott und will wissen, wann seine Versprechungen, die er als Kanzler machte, wahr werden.
Gott: »Das ist uninteressant für mich, dann bin ich nicht mehr im Amt!«

*

»Wir in der Sowjetunion können uns über vier Ernten im Jahr freuen«, tönt ein KP-Funktionär.
»Ja«, ruft ein Zuhörer dazwischen, »über die aus der DDR, aus Bulgarien, aus Ungarn und aus Polen.«

*

Der Politiker besucht eine Nervenheilanstalt. Erzählt der Direktor: »Ich habe meine eigenen Methoden, den Intelligenzgrad der Patienten festzustellen. So frage ich zum Beispiel: »Cook hat drei Weltreisen gemacht. Auf welcher ist er gestorben?«
»Interessant«, sagt der Politiker. »Doch ich finde die Frage gar nicht mal so leicht. Nicht einmal für mich. Ich bin nämlich in Geschichte etwas schwach.«

*

Ein Arzt in der DDR zu seinem Patienten: »Leider kann ich nichts für Sie tun. Gebe ich Ihnen ein Medikament aus dem Westen, ist es mit mir aus. Gebe ich Ihnen eins aus dem Osten, dann ist es mit Ihnen aus!«

»*Sie können die Möbel zum halben Katalogpreis bekommen.*«
»*Ausgezeichnet! Was kostet denn der Katalog?*«

Ein Tourist kommt in das kleine Land. Auf einem Spaziergang sieht er ein Karussell. »Warum ist es nicht im Betrieb?« wundert er sich.
»Der Ministerpräsident ist gestorben.«
Der Tourist überlegt. »Wie schrecklich. War er der einzige, der es bedienen konnte?«

✻

Neuer Werbespruch des staatlichen russischen Reisebüros Intourist: »Kommen Sie zu uns, ehe wir zu Ihnen kommen!«

✻

Der kleine Iwan Iwanowitsch fragt die Großmutter: »Was war früher da: das Huhn oder das Ei?«
Darauf die Großmutter: »Früher war beides da.«

✻

Der politische Redner kommt in Fahrt. »Ich verlange«, so rief er, »Schulreform, Steuerreform, Justizreform, Agrarreform und...«
Da ruft ein Zuhörer dazwischen: »Und wir Chloroform...«

✻

In Leipzig fragt eine Rentnerin SED-Chef Honecker: »Wer hat eigentlich den Sozialismus erfunden: die Arbeiter oder die Wissenschaftler?«
»Natürlich die Arbeiter.«
»Schade«, sagt das Mütterchen, »Wissenschaftler wären mir lieber gewesen. Die hätten den Sozialismus erst mit Ratten ausprobiert.«

✻

Frage an Radio Eriwan: »Hier fuhr gestern ein langer Güterzug vorbei. Unter Zeltbahnen schauten Kanonenrohre hervor. Wie vereinbart sich das mit der Entspannungspolitik?«
Radio Eriwan antwortet: »Im Prinzip gar nicht, aber Sie werden sich geirrt haben. Was Sie auf dem Güterzug sahen, waren Friedensfühler.«

✻

Wochenente: Warum hat die Schirmindustrie (nicht die deutsche) in den letzten Jahren erhebliche Umsatzeinbußen hinnehmen müssen?«
»Das mit einer Umfrage betraute Meinungsforschungsinstitut kam zu dem Ergebnis, daß 99 Prozent der Befragten bei Regen den Bildschirm vorziehen.«

✻

Zwei Polen diskutieren: »Haben wir den hundertprozentigen Kommunismus schon erreicht – oder kommt es noch schlimmer?«

✻

Die Bildungskommission prüft im politischen Unterricht einer Schule die dritte Klasse: »Nun, Igor, sage uns: Wer ist dein Vater?«
»Mein Vater ist die kommunistische Partei«, antwortet der Kleine wie aus der Pistole geschossen.
»Richtig, mein Junge. Und wer ist deine Mutter?«
»Meine Mutter ist die Sowjetunion.«
»Und was möchtest du einmal werden, mein Junge?«
»Vollwaise!«

✻

Der Ehekrach ist in vollem Gange. Ruft sie wütend: »Du hättest Politiker werden sollen!«
»Was soll denn das heißen?« brüllt er zurück.
»Weil du nicht weißt, was du willst, und wenn du etwas willst, kannst du es nicht durchsetzen!«

✻

Zwei Ostberliner Straßenfeger fegen bei strenger Kälte eine Straße.
Einer sagt: »Kalt heute, wa?«
Der andere: »Wat willst'n, willste mir aushorchen?«

✻

Anfrage an Radio Eriwan: »Stimmt es, daß Adam und Eva die ersten kommunistischen Menschen waren?«
»Im Prinzip ja. Sie hatten nichts anzuziehen, keine eigene Wohnung und glaubten trotzdem, sie seien im Paradies.«

✻

In Bonn ist angeblich ein Gesetzentwurf in Vorbereitung, wonach Beamte nicht mehr befördert, sondern umgebettet werden sollen.

✻

Wochenente: Bonn soll demnächst in Bad Bonn umbenannt werden.
Warum?
Hier haben sich schon viele gesund gestoßen.

✻

»Haben Sie schon gehört: »Altbundeskanzler Helmut Schmidt kauft jetzt alle Hasen und Kaninchen auf.«
»Warum?«
»Die sollen den Kohl auffressen.«

✻

Bei einem großen Brückenbau arbeiten auch einige Ungarn. Bela, einer von ihnen, kommt eines Tages zum leitenden Ingenieur und bittet um Urlaub, da er Kindstaufe feiern wolle.
»Kindstaufe?« staunt der Ingenieur, »aber wieso denn? Du warst doch zwei Jahre nicht zu Hause?«
»Macht nichts«, lächelt Bela, »war der Nachbar so freindlich.«

✻

Ein SED-Genosse zu Freunden: »Ich stehe zur Partei wie zu meiner Frau. Ich liebe sie ein bißchen, ich fürchte mich vor ihr – und ich träume von einem Wechsel.«

✻

Die Tschechoslowakei bittet die Sowjetunion um Unterstützung bei der Einrichtung eines Seefahrtministeriums. Frage aus Moskau: »Wozu braucht ihr das? Ihr habt doch gar keine Schiffe?«
Antwort aus Prag: »Ihr Russen habt doch schließlich ein Lebensmittelministerium...«

✻

Scharf nachgedacht! Welches sind die vier kritischsten Phasen der Bonner Regierung?
Frühling, Sommer, Herbst und Winter.

»Sieh mal, mit dem neuen Waschmittel ist dein Hemd ganz weiß geworden.«
»Gestreift fand ich es aber schöner!«

Aus folgenden Gründen wurde die Bettenproduktion eingestellt in der DDR:
Politiker schlafen im Ausland,
Rentner fahren in den Westen,
Künstler ruhen sich auf ihren Lorbeeren aus,
Intelligenzler werden auf Rosen gebettet,
die Soldaten stehen auf Friedenswacht,
Arbeiter und Bauern arbeiten Tag und Nacht,
Gammler schlafen unter Brücken,
die Partei schläft nie,
der Rest sitzt.

*

In einer Verhandlungspause während des Metall-Arbeitskampfes gehen ein Funktionär und ein Arbeitgeber im Garten spazieren und stoßen zusammen. Der Gewerkschaftler: »Geben Sie doch acht!«
Der Arbeitgeber: »Nein, das ist zuviel.«

*

Frage an Radio Eriwan: »Ist es wirklich wahr, daß wir mit den Kapitalisten Geschäfte machen?«
»Ja, aber sagen Sie selbst, mit wem denn sonst?«

*

Schon gehört? Die SPD will in einem Zweistufen-Plan die Einkommensteuer abschaffen. In der ersten Stufe soll zunächst das Einkommen abgeschafft werden.

*

Politiker unter sich: »Mit Rücksicht auf meinen Hals mußte ich bei der gestrigen Wahlversammlung meine Rede stark verkürzen!«
»Hattest du so eine starke Halsentzündung?«
»Nein, aber die Zuhörer wollten ihn mir umdrehen!«

*

Ein polnischer Minister fuhr nach Moskau zu einer Besprechung. Als er zurückkam, hatte er ein Loch in der Backe. »Was ist denn passiert?« fragten ihn seine Kollegen.
»Ich hatte Zahnschmerzen, und mir wurde ein Zahn gezogen«, antwortete er.
»Warum hast du aber ein Loch in der Backe?«
»Ich durfte doch den Mund nicht aufmachen...«

Ein russischer Bauer humpelt durchs Dorf. Er hat nur einen Stiefel an, der andere Fuß ist nackt.
»Verloren?« fragt der Polizist mitleidig.
»Nein, gefunden«, antwortet der Bauer fröhlich.

✽

Frage an Radio Eriwan: »Sind sowjetische Ehemänner treu, wenn sie auf Reisen sind?«
Antwort: »Im Prinzip ja, insbesondere unsere heldenhaften Astronauten.«

✽

Frage eines sowjetischen Auslandskorrespondeten aus Paris an Radio Eriwan: »Seit zehn Jahren bin ich nun in Frankreich. Ich könnte jetzt in die UdSSR zurückkehren. Hat sich das Leben bei euch geändert?«
Radio Eriwan antwortet: »Wenn du das Leben nennst, Genosse...!«

✽

Frage an Radio Eriwan: »Was ist der Unterschied zwischen Marx und Murx?«
»Im Prinzip ist da keiner. Nur: Marx ist Theorie. Murx ist Praxis.«

✽

»In unserem Ministerium werden Sparmaßnahmen eingeführt.«
»Was das wieder kosten wird!«

✽

Ein Politiker wird gefragt, was ein Diplomat sei. »Diplomaten sind Leute«, seufzte er, »deren Beruf es ist, Komplikationen aus der Welt zu schaffen, die ohne Diplomaten nicht entstanden wären.«

✱

Genosse Müller, Magdeburg, steht zum dritten Mal vor der Bezirksparteikontrollkommission. »Genosse«, sagt der Vorsitzende, »deine weltanschaulichen Verfehlungen sind schwerwiegend, aber wir haben beschlossen, dich nicht aus der Partei auszuschließen.«
»Schön«, sagt Genosse Müller. »Ich nehme die Strafe an.«

✱

Meldung aus der Prawda: »Im Leichtathletik-Vergleichskampf zwischen den USA und der UdSSR belegten unsere Leichtathleten einen hervorragenden zweiten Platz, während die Amerikaner nur Vorletzte wurden.«

✱

Wenn ein Politiker zu dir sagt: »Wir sitzen alle im gleichen Boot, dann mußt du wachsam sein.«
»Warum?«
»Er meint, daß er den Kapitän spielen will und du rudern sollst.«

✱

Die Politiker erzielten einen sensationellen Erfolg bei ihren Friedensbemühungen: »Der Westen rüstet ab sofort ab, der Osten rüstet ab sofort!«

»Heute hab ich mal wieder alles falsch gemacht. Zu laut gesprochen, den falschen Köder benutzt, zu früh eingeholt und mehr gefangen als er!«

Frage aus Flensburg an Radio Eriwan: »Wie bastelt man eine Posaune?«
Radio Eriwan antwortet: »Man nehme ein Loch und wickle Blech darum.«
Zusatzfrage: »Woher nimmt man das Loch?«
Radio Eriwan antwortet: »Kein Problem! Schon ein altes Ofenrohr genügt. Sie wickeln das Blech ab, und schon haben Sie ein Loch.«

✳

Wochenende: Der Deutsche Bundestag genehmigte bei nur zwei Gegenstimmen, daß für die Pille ab sofort Vergnügungssteuer erhoben wird.

✳

Gespräch beim Pferderennen in München-Riem. »Sie verdienen als erfolgreicher Jockey sicher genausoviel wie unser Ministerpräsident. Worauf führen Sie das zurück?«
»Nun, worauf schon? Der Herr Ministerpräsident reitet eben nicht so gut wie ich!«

*

Frage an Radio Eriwan: »Ist es richtig, daß in Deutschland einige Berufsfußballspieler mehr verdienen als Minister?«
Radio Eriwan antwortet: »Im Prinzip ja, denn in der freien Marktwirtschaft wird Leistungslohn gezahlt.«

*

Die Frau des Ministers: »Ich verstehe nicht, daß ich das Schiff mit Tinte taufen soll. Es ist doch üblich, Schiffe mit Sekt zu taufen.«
Der Werftdirektor: »Ganz recht, gnädige Frau, aber heute wird ja ein Schulschiff getauft.«

*

»Bundestag zusammengetreten«, liest Weber seiner Frau vor. »Unglaublich«, sagt sie kopfschüttelnd, »waren das wieder die Rocker?«

*

Frage an Radio Eriwan: »Während ich mich mit einer Kollegin unterhalten habe, wurde mir im Zimmer nebenan meine Geldbörse gestohlen. Wie kann ich sowas in Zukunft verhindern?«
Antwort von Radio Eriwan: »Behalten Sie die Hose an, wenn Sie sich mit Ihrer Kollegin unterhalten.«

»In der Ehe darf man von vorneherein nicht nachgeben.«
»Das muß meine Frau auch schon mal irgendwo gehört haben...«

...für alle Chinesen, die mit ihrem Auto in der Bundesrepublik unterwegs sind: Bitte beachten Sie die volgeschliebene Lichtgeschwindigkeit!

*

Was ist der Unterschied zwischen einem Spitzenpolitiker und einem Bikini?
Keiner. Jeder wundert sich, wer ihn hält, und viele hoffen, daß er fallen wird.

*

In der DDR wird die Woche der Freundschaft mit Angola begangen. In einer sächsischen Schule sagt der Lehrer: »Schreibt mal einen Satz mit Angola.«
Fritzchen schreibt: »An Gola könnt' ich mich totsaufen.«

※

Im Dienstauto wurden zwei Männer angefahren. Der Funktionär zum Richter: »Was glaubst du, Genosse, wie ich bestraft werde?«
Der Richter: »Mach dir keine Sorgen, Genosse. Der Mann, der durch die Windschutzscheibe in deinen Wagen geflogen ist, wird wegen Einbruchs verurteilt. Und der andere, der zwanzig Meter durch die Luft geschleudert wurde, kommt wegen Unfallflucht dran.«

※

»Auf Anordnung des Verkehrsministeriums wird bei Autobahnen künftig die rechte Spur weggelassen, da sie kaum benutzt wird. Dafür wird eine zweite linke Fahrbahn eingeführt.«

※

Frage an Radio Eriwan aus Chikago: »Welcher Unterschied besteht zwischen amerikanischen und sowjetischen Zwergen?«
Radio Eriwan antwortet: »Die sowjetischen sind größer!«

※

Wußten Sie, daß der Politiker der einzige Mensch ist, der Sie um Hilfe bittet und Ihnen nachher die Rechnung präsentiert?

※

»Ihr Mann hat seine Sekretärin zur Tagung mitgenommen..?«
»Ja, er findet doch immer wieder eine Dumme, die sich an den
Benzinkosten beteiligt!«

Ein Maskierter überfällt in Washington einen Senator, drückt ihm
die Pistole an die Schläfe: »Wen wählen Sie, Carter oder Reagan?«
Der Senator: »Schießen Sie!«

*

Am Außenministerium in Ostberlin stellt ein Mann sein Fahrrad
ab.
Ein Volkspolizist: »Nehmen Sie das Fahrrad weg, gleich kommt
hier eine sowjetische Delegation vorbei.«
»Macht nichts. Ich habe das Rad ja abgeschlossen.«

*

Frage an Radio Eriwan: »Früher hatten wir das ausbeuterische Zarenreich, dann den erbarmungslosen Stalinismus – und was haben wir heute?«
Radio Eriwan antwortet: »Heute haben wir Mittwoch!«

*

Ivan zu Leonid: »Was ist der Unterschied zwischen Kapitalismus und Kommunismus?«
Leonid: »Wenn du bei strömendem Regen aus der Fabrik kommst, und der Generaldirektor im Mercedes grinsend an dir vorbeifährt – das ist Kapitalismus. Kommunismus ist, wenn der Direktor dich mit nach Hause nimmt und sagt: »Zieh die nassen Kleider aus, dusch dich!«
Ivan: »Hast du das schon mal erlebt?«
Leonid: »Nein, aber meine Schwester.«

*

Ein Russe kommt in die Hölle. Fragt ihn der Teufel: »Wollen Sie in die kapitalistische oder in die kommunistische Abteilung?«
»In die kommunistische bitte. Da bin ich sicher, daß die Heizung nicht geht.«

*

Zwei Politiker unterhalten sich. Fragt der eine: »Herr Kollege, was sagten Sie doch neulich in Ihrer großen Rede über die Jugendarbeitslosigkeit?«
»Ich? Nichts.«
»Das ist schon klar. Ich wollte nur wissen, wie Sie es formuliert haben.«

Auf der Pressekonferenz wird der ehrgeizige junge US-Senator gefragt: »Ist es wahr, daß Sie in einer Blockhütte geboren wurden?«
»Nein, nein, das war Abraham Lincoln. Ich habe das Licht der Welt in einer Krippe erblickt.«

*

Bundeskanzler Kohl schaut aus dem Fenster: »Herrliches Wetter heute.«
Ein Mitarbeiter: »Aber es ist doch dichter Nebel, Herr Bundeskanzler.«
»Eben. Da kann Strauß in Bonn nicht landen.«

*

In einer norddeutschen Stadt heiratete ein Herr Hecht ein Fräulein Aal. Da der als Trauzeuge fungierende Onkel Zander hieß, war das Brautpaar so humorvoll, einen Herrn Weißfisch als zweiten Trauzeugen zu bitten. Erstaunt war die fröhliche Gesellschaft, als sie dann den Namen des Standesbeamten erfuhr: Fischer!

*

Beim Gesundheitsamt ruft der Dorfpfarrer an und sagt zu dem Beamten: »Mir ist soeben berichtet worden, daß auf der Wiese neben der Autobahn ein toter Esel liegen soll.«
Den Beamten sticht der Hafer. Er flachst: »Ich denke, für die Toten sind Sie zuständig, Herr Pfarrer.«
Der geistliche Herr kontert: »Natürlich, natürlich, mein Sohn. Zunächst jedoch pflege ich mich mit den nächsten Verwandten in Verbindung zu setzen!«

*

»Minna, haben Sie meinen Waschlappen gesehen?«
»Ihr Herr Gemahl ist einkaufen gegangen.«

Verteidigungsminister Wörner besucht eine Artilleriekompanie. Vor dem Scharfschießen ruft der Geschützführer die Entfernungsangaben zu: »Dreitausend, dreitausendfünfhundert, viertausend, viertausendfünfhundert.«
Wörner verblüfft: »Ist die Wirtschaftskrise schon so ernst, daß wir die Geschütze versteigern müssen?«

*

Frage an Radio Eriwan: »Weshalb gibt es in der Sowjetunion keine Stereoanlagen und Geräte?«
»Weil wir die nicht nötig haben. Man hört hier sowieso von allen Seiten das gleiche.«

✻

Frau Müller hat Drillinge bekommen. Doch die Hebamme und der Arzt sind befremdet: »Wie kommt das? Ein Kind ist weiß und zwei sind schwarz!«
»Das ist doch ganz einfach«, erklärt Frau Müller. »Ich bin Sekretärin bei der Behörde. Da machen wir alles in dreifacher Ausfertigung: Ein Original und zwei Kopien mit Kohlepapier!«

✻

»Habe ich einen Muskelkater«, stöhnt der Beamte.«
»Jogging?« fragt ein Kollege.
»Nein, fünfzig neue Formulare einsortiert.«

✻

»Beamte bekommen Ruhegehälter, oder?«
»Ja, wenn sie pensioniert sind!«
»Was, dann auch noch?«

✻

Siebzehnjährige beim Finanzamt: »Kann ich die Pille beim Lohnsteuerausgleich absetzen?«
Antwort des Finanzbeamten: »Wenn Sie sie vergessen haben!«

✻

Ein Bauunternehmer erhält einen Brief vom Finanzamt: »Sie haben in Ihrer Einkommensteuererklärung den Reingewinn vergessen.« »Irrtum, meine Herren«, antwortet der Unternehmer, »der Reingewinn hat mich vergessen.«

✳

Frau Huber fragt den Bahnbeamten: »Muß ich für die Kinder auch bezahlen?«
Beamter: »Unter sechs nicht.«
»Sehr gut, ich habe nur drei.«

✳

Ein Kunde kauft an einem Postschalter eine Briefmarke, um sie gleich auf einen Brief zu kleben. »Mensch, da ist ja überhaupt keine Klebe drauf!« stellt er entrüstet fest.
Darauf meint der Postbeamte hinter dem Schalter: »Ja, ja, ich weiß es bereits. Sie sind schon mindestens der Fünfzehnte, der das von dieser Marke behauptet!«

✳

Als kürzlich ein Standesbeamter in Boston (USA) an den Bräutigam die obligatorische Frage stellte, ob er gewillt sei, die anwesende Braut zu ehelichen, antwortete der Gefragte treuherzig: »Ja, aber ehrlich gesagt, ihre jüngere Schwester wäre mir lieber gewesen.«

✳

»Wenn heute der Gerichtsvollzieher kommt, der Unverschämte vom letzten Mal, wirst du ihm hoffentlich die Zähne zeigen!«
»Lieber nicht, sonst nimmt er die auch noch mit!«

»Ich habe gespült, Susi hat abgetrocknet, und Willi hat die Scherben aufgekehrt.«

Ein Beamter wird befördert, kurz vor seiner Pensionierung. Man gratuliert: »Für diese Beförderung haben Sie sicherlich viel tun müssen!«
Der Beamte: »Viel nicht, aber dafür lange.«

*

Muckermann erhält vom Finanzamt Formulare für seine Steuererklärung zugeschickt.
Er antwortet: »Anbei sende ich Ihnen mit Dank Ihre Prospekte wieder zurück, da ich nicht beabsichtige, Ihrem Verein beizutreten!«

*

Eine junge Dame im Finanzamt: »Ich wollte gerne meine Hundesteuer bezahlen.«
»Auf welchen Namen, bitte?«
»Bello!«

*

Die Frau eines Beamten erzählt einer Freundin: »Seit sie im Amt die Fünf-Tage-Woche eingeführt haben, hat mein Mann gar keine Freizeit mehr.«
»Wieso denn?«
»Nun, früher konnte er sich immer mal wieder einige Stunden freimachen, jetzt braucht er seine Bürostunden fast ganz!«

*

Der Standesbeamte stellt mit Erstaunen fest, daß der Bräutigam ziemlich angetrunken ist. »So geht das nicht!« sagt er zur Braut. »Sie müssen mit Ihrem Bräutigam kommen, wenn er nüchtern ist.«
»Das geht erst recht nicht!« ruft die Braut verzweifelt aus. »Wenn er nüchtern ist, bekomme ich ihn gar nicht hierher!«

*

Im Bundeskanzleramt in Bonn ist ein nagelneuer Computer aufgestellt. Der Bundeskanzler will ihn ausprobieren und fragt: »Welche Partei gewinnt die Wahlen 1992?«
Antwort: »SPD«.
»Na ja«, sagt der Bundeskanzler, »und was kostet ein Brot 92?«
Antwort vom Computer: »4 Rubel!«

*

Bei der Fahrscheinkontrolle im Zug fragt der Kontrolleur einen Jungen: »Na, bist du noch ein Schüler – oder sind Sie schon erwachsen?«
Der Kleine lächelt und sagt: »Das können Sie halten, wie du willst!«

*

Wimmer hat die Beamtenlaufbahn eingeschlagen und möchte nun rasch aufsteigen. So nimmt er eifrig Fortbildungskurse, die ihm das Ablegen der verlangten Prüfungen erleichtern sollen. Als eine dieser Prüfungen bevorsteht, büffelt Wimmer jeden Abend zu Hause.
Eines Abends tritt seine Frau zu ihm und sagt vorwurfsvoll: »Paul, sei doch nicht so eigensinnig und laß den Kindern die Freude, dir bei deinen Hausaufgaben zu helfen.«

*

Der Beamte vom Arbeitsamt fragt sein Gegenüber: »Haben Sie eine Bescheinigung über den Beginn Ihrer Arbeitslosigkeit dabei?«
»Jawohl«, antwortet der Gefragte und hält ihm seine Geburtsurkunde entgegen!

*

Ein Seemann möchte einen Kredit. »Haben Sie einen Bürgen?« fragt ihn der Bankbeamte.
»Wie bitte?«
»Haben Sie Freunde auf Ihrem Schiff?«
»Nein, keinen einzigen.«
»Wie kommt das denn?«
»Ich bin der Koch.«

*

»*Ich werde niemals heiraten. Wer heiratet, kriegt Kinder, und die nehmen mir nur die Spielsachen weg!*«

»Herr Bürgermeister, die Einwohnerzahl Ihres Dorfes bleibt seit Jahren immer gleich. Erfassen Sie denn die Geburten nicht?«
»Schon, schon, aber jedesmal wenn bei uns ein Kind geboren wird, verschwindet ein junger Bursche aus dem Dorf!«

✱

Frage: Weshalb haben manche Beamte einen Knick in der Krawatte?
Antwort: Sie klemmen die Krawatte in die Schublade ihres Schreibtisches ein, damit sie beim Einschlafen nicht nach hinten fallen.

✱

»Wollen Sie Ihren Ausweis verlängern lassen?«
»Nein, danke, ich finde das Format so ganz praktisch.«

Claudia und Sabine träumen laut davon, wen sie einmal heiraten wollen. Claudia hat schon festumrissene Pläne: »Ich heirate mal einen Beamten wie Papa. Die sind abends nie müde, und die Zeitung haben sie auch schon gelesen.«

✼

»Ist Ihre Arbeit eigentlich schwer?« wird ein Beamter gefragt.
»Schwer nicht unbedingt, aber sie ist doch ein gewisser Störfaktor zwischen Kur, Nachkur, Urlaub, Feiertagen, langen Wochenenden und Betriebsausflügen.«

✼

»Sie haben mir doch gesagt«, erregt Krischan sich dem Finanzbeamten gegenüber, »daß ich für alles, was ich in diesem Jahr anbaue, noch die §-7b-Abschreibung bekomme...«
»Schon, aber nicht für Getreide, Kartoffeln und Rüben...«

✼

Ein Beamter muß während der Dienstzeit zu einem Begräbnis. Um vorsprechende Bürger zu unterrichten, hängt er ein großes Schild an die Tür seines Büros: »Bin auf dem Friedhof!«
Als er zurückkommt, steht darunter: »Ruhe sanft!«

✼

Fragt der Zöllner am Grenzübergang den zerstreuten Professor:
»Cognac? Whisky? Zigarren? Zigaretten?«
»Nein, danke! Aber könnte ich vielleicht ein Glas Milch haben?«

✼

Der junge Ostfriese geht zum Standesamt, um ein Aufgebot zu bestellen. »Und wo ist die Braut?« fragt der Beamte.
Staunt der Ostfriese: »Braut? Ich denke, die bekommt man hier...!«

*

»Hier ist das Finanzamt, Abteilung Lohnsteuer«, meldet sich die Telefonistin, »wen möchten Sie sprechen?«
»Niemand«, sagt die Stimme kleinlaut, »ich habe diese Nummer im Notizbuch meines Mannes gefunden!«

*

Hellmann schiebt eine Schubkarre mit einem großen Sack über die Grenze. »Was ist in dem Sack?« fragt der Zöllner.
»Sägespäne!«
»Sie können passieren!«
Am dritten Tag wird der Zöllner mißtrauisch. »Aufmachen«, kommandiert er.
Hellmann öffnet den Sack. Tatsächlich Sägespäne.
So geht das vier Wochen lang. Dann fragt der Beamte gönnerhaft: »Also, ich verspreche Ihnen, ich zeige Sie nicht an. Aber was schmuggeln Sie wirklich?«
Grinst Hellmann: »Schubkarren.«

*

Der Zollbeamte verlangt: »Öffnen Sie bitte mal die Koffer!«
»Aber ich habe doch gar keine Koffer!«
»Egal. Vorschrift ist Vorschrift!«

*

Auf dem Weg zum Standesamt warnt der Bräutigam fürsorglich seine künftige Frau. »Schau, Schatz, da liegt ein Stein am Wege. Paß auf, daß du dir an deinem Füßchen nicht wehtust!«
Auf dem Rückweg meint er an derselben Stelle: »Hebe deine Haxen, du Trampel! Siehste den Stein nicht?«

»Ach Mutti, ich weiß wirklich nicht, wen ich einmal heiraten soll, die Ute oder die Jasmin – die Ute gefällt mir ja besser, aber die Jasmin hat so ein süßes Meerschweinchen!«

Ein Mann schreibt an die Behörde: »Ich bitte Sie höflich, mir die Adresse von Fräulein Blümchen mitzuteilen. Die Gebühren für die Auskunft liegen bei.«
Die Behörde schreibt: »Fräulein Blümchen wohnt Rosenweg 7. Die Gebühren lagen nicht bei.«
Der Mann schreibt: »Besten Dank für die Auskunft. Die Gebühren liegen heute bei.«
Die Behörde schreibt: »Anbei die beigelegten Gebühren, da die Auskunft kostenlos ist.«

*

Ein Radfahrer mit einem Rucksack will über die Grenze. Der Zöllner: »Was haben Sie denn in dem Rucksack?«
»Futter für meine Kaninchen.«
Der Zöllner schaut nach. »Da ist ja lauter Tabak und Kaffee drin!«
»Ist mir egal! Wenn die Karnickel das nicht fressen, kriegen sie überhaupt nichts!«

*

Auf dem Einwohnermeldeamt füllt Frau Schulze ein Formular aus. Bei der Frage nach dem Alter zögert sie lange. Der Beamte wird ungeduldig und meint: »Sehen Sie, gnädige Frau, je länger Sie zögern, desto schlimmer wird es doch!«

*

Finanzbeamter Meier hat geheiratet. Nach drei Tagen kommt er abgeschlafft und bleich ins Büro. Sagt der Amtmann: »Ja, ja, mein Lieber, die Ehe ist kein Finanzamt, da heißt es schaffen!«

*

»Bei dir piept's wohl«, sagt Narben-Harry zu Blüten-Ede, »warum druckst du denn Fünfundsiebzigmarkscheine?«
»Für's Finanzamt, die nehmen alles.«

❋

Die Stadtverwaltung läßt eine Straßenunterführung bauen. Arbeiter Meier schreibt auf seinen Rapportzettel: »Montag bis Freitag jeweils am Untergang der Stadt gearbeitet.«

❋

Der Gerichtsvollzieher pfändet eine Kopie der »Leda mit dem Schwan«.
Er notiert folgende Beschreibung: »Bildgröße 80 × 100, Rahmen aus hellem Holz, nackte, junge Blondine, ca. 25 Jahre alt, angefallen von tollwütiger Gans.«

❋

»Sind Sie miteinander verwandt oder verschwägert?« fragt der Standesbeamte die beiden Verlobten.
»Ein bißchen schon«, erwidert die Braut, »wir haben nämlich schon fünf Kinder!«

❋

Zwei Schiffbrüchige landen auf einer einsamen Insel. »Wir sind verloren!« stöhnt der eine.
»Keine Sorge«, sagt der andere, »die finden uns. Ich schulde dem Finanzamt 100 000 Mark.«

❋

»Herr Inspektor«, fragt ein Mann auf dem Finanzamt, »wann kann ich denn meinen Urlaub nehmen?«
»Wieso Urlaub? Sie sind doch gar nicht bei uns beschäftigt.«
»Das nicht, aber ich arbeite doch wohl für Sie!«

*

Junges Ehepaar auf dem Wohnungsamt: »Über uns wurde gerade eine Kellerwohnung frei. Wir wollten mal fragen...!«

*

»Warum ist denn der Stationsvorsteher vorzeitig pensioniert worden?«
»Als der Zug mit dem Kanzler einlief, rief er über den Lautsprecher: ›Bitte zurücktreten!‹«

*

Zum Hausbesitzer kommt jemand von der Bundesbahn: »Die neue Bahnlinie soll direkt durch Ihr Haus führen. Wir zahlen natürlich eine Abfindung und eine Entschädigung!«
»Ach, und ich soll immer die Türe auf- und zumachen, wenn ein Zug kommt?«

*

Beim Grenzübergang. Der Beamte guckt in die Pässe und stutzt: »Irgend etwas stimmt hier nicht. Das soll Ihre Frau sein?«
»Klar!«
»Davon steht aber nichts in den Papieren. Da beugt sich der Fahrer herüber und flüstert: »Also, wenn Sie beweisen können, daß sie nicht meine Frau ist, würde ich mich das was kosten lassen!«

»So schlecht wie heute habe ich noch nie gespielt.«
»Ach, Sie haben schon einmal gespielt?«

Harry Hoppel kommt mit dem Auto aus dem Urlaub zurück.
»Haben Sie etwas zu verzollen?« fragt ihn der Beamte an der Grenze.
»Nein, nichts«, meint Harry. Der Zollbeamte läßt den Kofferraum öffnen und findet sechs Flaschen Schnaps und ein Kilo Kaffee.
»Und was ist das hier?« fragt er.
»Das«, erklärt Harry, »das wollten wir schmuggeln!«

*

Ein Bauer möchte eine Ziege über die Grenze schmuggeln. Deshalb steckt er sie in den Kofferraum. Der Zöllner sucht nach und fragt:
»Was ist denn das?«
»Mein Hund.«
»So, ein Hund mit Hörnern?«
»Um das Privatleben meines Hundes kümmere ich mich nicht.«

✣

»Unser halber Gemeinderat besteht aus Idioten!« Wegen dieser Beleidigung mußte Müller vor den Richter. Der forderte ihn zu einer Gegendarstellung auf.
Was blieb Müller anderes übrig, als in der Zeitung eine Anzeige drucken zu lassen: »Ich erkläre hiermit, daß unser halber Gemeinderat nicht aus Idioten besteht!«

✣

Ein Dorf in Bayern soll eine Verkehrsampel an der Hauptstraße bekommen. Der Gemeinderat berät und berät. Endlich kommt eine Anfrage vom Landrat: »Wie weit seid ihr schon mit der Ampel?«
Schreibt der Bürgermeister zurück: »Die Farben haben wir schon ausgesucht!«

✣

Der Beamte ist mit Erreichen der Altersgrenze in den Ruhestand versetzt worden.
Am ersten Ruhetag sagt er zu seiner Frau: »So, nun habe ich endlich Zeit, mir mal in aller Ruhe meine Dienstvorschriften anzusehen.«

✣

Paul fragt den Finanzbeamten: »Nehmen Sie Trinkgelder an?«
Der Beamte ist außer sich. »Herr, was denken Sie sich? Das kommt überhaupt nicht in Frage!«
»Na, das freut mich«, sagt Paul, »dann kann ich ja mein Geld wieder mitnehmen: Ich bin nämlich Kellner.«

✽

Der Steuerpflichtige erhält einen Brief vom Finanzamt: »Im Verhältnis zu Ihrem Wareneingang scheint uns der von Ihnen erklärte Umsatz zu gering. Wir bitten um Stellungnahme.«
Darauf antwortet der Steuerpflichtige: »Des Tages scheint mir die Sonne und des Nachts manchmal der Mond. Was dem Finanzamt scheint, ist mir vollkommen egal!«

✽

Ausführlich erklärt der Mann von der Post der alten Dame das neue Telefon: »... und bei Feuer rufen Sie 112!«
»Sie, das ist ja auch so ein komischer neumodischer Kram«, schimpft die alte Dame, »zu meiner Zeit rief man einfach ›Feuer‹.«

✽

Kommt ein Stellungsloser aufs Arbeitsamt. »Beruf?«
»Großwildjäger.«
»Wo?«
»In Darmstadt.«
»Aber da gibt es doch gar kein Großwild!«
»Deswegen bin ich ja hier!«

✽

*»Ich mache mir Sorgen um Fritzchen. Er klagt über
Bauchschmerzen.«*
»Ach, das wird schon nicht so schlimm sein.«
»Diesmal schon, er hat heute schulfrei!«

Sie hat die Steuererklärung abgeschickt, doch das Finanzamt schreibt zurück: »Wir vermissen das Vermögen Ihres Mannes!«
»Ich auch!« antwortet sie postwendend.

*

»Wie hat es der liebe Gott geschafft, die Welt in nur einer einzigen Woche zu erschaffen, Papi?«
»Ganz einfach, mein Sohn: Er war nicht auf Beamte und Handwerker angewiesen!«

*

Anzeige im Stellenmarkt einer Zeitung: »Suche mich ab 1. Januar zu verändern. War bisher auf dem Rathaus angestellt, bin aber nicht abgeneigt, auch zu arbeiten.«

*

»Ich habe gehört, du arbeitest jetzt bei der Post und stempelst Briefe ab. Ist das denn nicht langweilig?«
»Ach, überhaupt nicht, wir haben ja jeden Tag ein anderes Datum!«

*

Betrunken wankt Egon ins Standesamt: »Ich möchte gerne meine Zwillinge anmelden, meine Herren!«
»Wieso sagen Sie meine Herren?« wundert sich der Beamte kopfschüttelnd, »ich bin doch ganz alleine hier!«
»Verzeihen Sie«, stottert Egon, »dann muß ich erst noch mal ins Krankenhaus und nachzählen!«

*

Auf Antrag der Steuerzahler soll vor jedem Finanzamt ein Schiller-Denkmal aufgestellt werden.
Der Grund: Schiller hat »Die Räuber« geschrieben. Jetzt soll er sie auch bewachen.

*

»Wie viele Beamte arbeiten hier in dieser Behörde?«
»Höchstens jeder zehnte!«

*

Zwei langhaarige junge Leute stehen vor dem Standesbeamten. Der mustert sie eine Weile, ehe er vorsichtig fragt: »Wer von Ihnen will nun wen zur Frau nehmen?«

※

Ein Postbeamter kommt nachts leicht angesäuselt nach Hause. Seine Frau hält ihm eine lange Gardinenpredigt. »Und, was hast du dazu zu sagen?« schließt sie erregt.
Der Mann lächelt: »Als einfaches Telegramm hätte diese Schimpfkanonade fast 840 Mark gekostet!«

※

»Zur Eheschließung gehört kein Mut«, erkannte ein Bräutigam vorm Standesamt. »Deshalb sagt man ja auch nicht: Ich traue mich, sondern: Ich lasse mich trauen!«

※

In einem Bonner Restaurant, das als Agententreff bekannt ist, ruft ein Gast den Kellner und beschwert sich: »Sie haben mir drei Frikadellen serviert, aber die dritte läßt sich nicht schneiden.«
»Völlig normal«, sagt der Kellner, »in der ist das Mikro!«

※

»Heiraten bringt Musik in das Leben eines Mannes«, sagte der Standesbeamte.
»Stimmt«, sagte der Brautvater, »man lernt die zweite Geige spielen.«

※

»Bei festlichen Anlässen wird unserem Bürgermeister immer eine dicke Kette um den Hals gelegt«, erzählt der Lehrer vor der Klasse. »Weshalb geschieht das wohl?«
Meldet sich in der ersten Reihe der kleine Fritz: »Ist doch wohl klar! Damit er nicht abhaut!«

*

»Herr Doktor, meine Nase ist so rot! Kann ich dagegen etwas tun?«
»Wenn sie rot von Geburt ist, läßt sich nichts machen. Ist sie aber rot vom Trinken, dann müssen Sie weiter trinken, sie wird dann mit der Zeit violett.«

*

Susi spielt ihrem Vater eine neue Pop-Platte vor. »Hast du sowas Irres schon mal gehört, Papi?«
»Doch, vor Jahren schon«, sagt der Vater. »Da stießen zwei Güterzüge zusammen. In dem einen waren leere Milchkannen und in dem anderen grunzende Schweine.«

*

Hein fährt seit Monaten zur See. Heringsfang an der Doggerbank – monatelang keine Frau, nur Wasser, Wasser, Sturm und Heringe. Über Radio Norddeich telefoniert er mit seiner Anna und sagt: »Mann, Anna, ick bin wild wie'n spanischer Kampfstier. Wenn ich heimkomme, dann stehste am besten mit 'ner Matratze auf dem Rücken am Hafen.«
»Okay«, flüstert Anna, »aber mach ja, daß du als erster von Bord kommst!«

*

Ein Geschäft wird erst dann-ein Geschäft, wenn man dem Finanzamt nachweisen kann, daß es überhaupt kein Geschäft war.

*

Standesbeamter zur Berlinerin: »Sie haben jetzt das dritte Kind von demselben Mann. Warum heiraten Sie ihn denn nicht?«
»Heiraten?« meint die Frau entsetzt. »Aber der ist doch Oberbayer!«

*

»Ach, ich möchte mal etwas ganz Außergewöhnliches machen«, seufzte sie, »etwas, das ich noch nie getan habe.«
»In Ordnung«, brummt er, »dann wisch Staub auf dem Klavier.«

*

Nachricht am Schwarzen Brett der Universität Oxford: »Professor Fisher wurde zum Leibarzt Ihrer Majestät der Königin ernannt.«
Schrieb ein Student darunter: »God save the Queen!«

*

»Wer wird da eigentlich operiert?« erkundigt sich die Oberschwester bei einem der Assistenzärzte.
»Ein Mann, der vor einer Stunde einen Golfball verschluckt hat.«
»Und wer ist das, der dort auf der Bank wartet?«
»Dat ist der Ballbesitzer. Er wartet nur auf den Ball, um weiterspielen zu können!«

*

»Wenn man dich so sieht, könnte man meinen,
die Hungersnot sei ausgebrochen.«
»Und wenn man dich so sieht, dann könnte man meinen,
du seist schuld daran.«

Ein weinender Junge erregt die Aufmerksamkeit eines Straßenpassanten. »Was fehlt ihm denn?« fragt der die Mutter.
»Er hat zehn Pfennig verschluckt.«
Kurzerhand stellt er den Jungen auf den Kopf, klopft ihm auf den Rücken, und das Geldstück fällt heraus.
»Vielen Dank, Herr Doktor«, jubelt die Mutter, aber er winkt ab: »Ich bin kein Arzt, ich bin vom Finanzamt!«

*

Der Heldentenor kommt zum Theaterarzt und jammert:
»Herr Doktor, ich weiß mir wegen meiner Fettleibigkeit nicht mehr zu helfen. Bei zwei Ärzten war ich schon, bevor ich hier engagiert wurde. Der eine sagte, ich solle viel zu Fuß gehen. Der andere meinte, ich solle zur Kur nach Bad Pyrmont. Was wäre denn nun wirklich für mich das beste?«
Theaterarzt: »Mein Lieber, gehen Sie zu Fuß nach Bad Pyrmont!«

*

Zwei Rock-Kritiker treffen sich nach einem Konzert. Sagt der eine: »Diese Bands werden von Mal zu Mal lauter!«
Darauf der andere: »Danke der Nachfrage, mir geht's ausgezeichnet.«

*

Um seinen Mantel gegen Diebstahl abzusichern, hängt der Gast einen Zettel daran: Vorsicht! Dieser Mantel gehört einem Cholerakranken!
Als er zurückkam, findet der Mann nur einen einsamen Zettel am Garderobenhaken: »Habe Ihren Mantel zur Desinfektion gebracht!«

*

Bei der Premiere eines sehr modernen Theaterstückes rief ein Zuschauer: »Macht doch endlich das Licht auf der Bühne aus, damit man endlich einschlafen kann!«
Da dreht sich ein Mann in der ersten Sitzreihe um und ruft: »Bitte nicht, ich möchte meine Zeitung lesen...«

*

»Schrecklich, mein Hund jagt alle auf einem Fahrrad.
Was kann ich bloß tun?«
»Wie wäre es, wenn Sie ihm das Rad einfach wegnehmen
würden?«

»Deine Frau schimpft nicht mehr über dein ewiges Saufen. Hat sie sich damit abgefunden?«
»Wir sind uns fair entgegengekommen: Ich saufe nicht mehr, sie schimpft nicht mehr.«

*

Der Arzt ruft seiner Sprechstundenhilfe zu: »Rasch! Meine Tasche. Es geht um Leben und Tod! Ein junger Mann rief eben an und erklärte, er müsse sterben, wenn ich nicht sofort käme!«
»Beruhigen Sie sich, Herr Doktor. Dieser Anruf war für mich...!«

*

Ein Nachwuchsschauspieler steht vor dem Theaterarzt, der ihn auf seinen Gesundheitszustand untersuchen soll und ihn fragt, ob er irgendwelche Beschwerden habe.
»Im Gegenteil, Herr Doktor«, versichert der Stellenanwärter, »ich arbeite wie ein Pferd, habe Hunger wie ein Löwe, bin abends müde wie ein Hund und schlafe wie ein Murmeltier.«
»Ja, mein Lieber, dann sind Sie hier am Theater an der falschen Adresse. Sie sind bestimmt der geeignete Mann für einen zoologischen Garten.«

*

»Was kann ich für Sie tun?« fragt der Arzt die weinende Frau Müller.
»Ach, Herr Doktor, mein Sohn macht sich immer die Hosen voll und rutscht dann so drauf herum.«
»Machen Sie sich deswegen doch keine Sorgen. Das tut jedes Kind.«
»Das ist richtig, aber im Hörsaal von der Uni will keiner mehr neben ihm sitzen!«

*

Müller kommt spät in der Nacht aus der Kneipe. Sein Weg führt an einer Apotheke vorbei. Er klingelt und klingelt, bis der Apotheker endlich aufwacht und schlaftrunken fragt: »Was wünschen Sie?«
»Für 20 Pfg. Baldriantinktur.«
»Was!«, schreit der Apotheker, »und deswegen wagen Sie es, mich mitten in der Nacht aus dem Bett zu holen?«
»Aha, sagte Müller, »wenn Sie unhöflich werden, dann gehe ich eben zur Konkurrenz. Gute Nacht.«

*

»Herr Professor«, sagte der Assistenzarzt, »da ist eine Dame am Telefon, die gern mit Ihnen sprechen möchte.«
»Ja, ich komme gleich. Geben Sie ihr einen Stuhl, und sie möchte einen Augenblick warten.«

∗

Der brave Hausmeister Schleicher muß am Blinddarm operiert werden. Der Professor, der die Operation durchführen soll, ist ein Anhänger modernster Heilmethoden. Er bemüht sich, den Patienten vor der Operation von allen Ängsten zu befreien und zu beruhigen:
»Nur ja keine Angst, mein Lieber! Wir werden ganz schnell wieder gesund sein. Binnen weniger Stunden nach der Operation werden wir die Beine lustig aus dem Bett baumeln lassen. Am Nachmittag stehen wir für ein halbes Stündchen auf – und am Abend versuchen wir, schnurstracks bis zum Sessel am Fenster zu gehen.«
Schleicher hat mit wachsendem Erstaunen zugehört und fragt dann zaghaft und schüchtern: »Aber Sie werden doch gewiß nichts dagegen haben, Herr Professor, daß ich während der Operation liege?«

∗

Durch eine behördliche Verordnung mußte sämtliches Vieh in der Gemeinde einen Stempel erhalten. Einige Zeit später wurde der Bürgermeister von einem Händler gefragt: »Das muß ein schönes Stück Arbeit gewesen sein, wie?«
»Das will ich meinen!« erwiderte der Bürgermeister. »Das Stempeln der Kühe, Pferde und Schweine war noch verhältnismäßig einfach, aber was die Bienen betrifft...!«

∗

Der treue Leser des Lokalblattes war gestorben. Die Redaktion kam um einen kleinen Nachruf nicht herum. Der jüngste Volontär bekam den Auftrag, ein paar nette Zeilen zu schreiben. Der Schluß lautete folgendermaßen: »Der viel zu früh Dahingegangene hat in seinem Leben sehr viel gelitten. Er war Abonnent unseres Blattes von der ersten Nummer an!«

✻

»Leider habe ich nur noch sechs Hühner zur Auswahl hier«, sagt die Marktfrau.
»Das genügt«, sagt die junge Kundin. »Suchen Sie mir die drei ältesten aus.«
Die Marktfrau unterdrückt ein Schmunzeln und kommt dem Wunsch der Kundin nach: »Darf ich die Hühner gleich einpacken?«
»Nein, danke. Ich nehme die drei anderen.«

✻

Treffen sich zwei Holzwürmer im Käse. Seufzt der eine: »Auch Probleme mit den Zähnen?«

✻

Schrieb er von Sylt an seine Frau: »Liebe Else! Der Wind heult, das Meer tobt, und ich muß immer an Dich denken...«

✻

Und dann war da noch der Holzwurm, der auf dem Arbeitsamt forderte: »Ich möchte umschulen – auf Kunststoff!«

✻

Ein bekannter Volksschauspieler war wegen Schlaflosigkeit beim Theaterarzt seit längerer Zeit in Behandlung. Ein Kollege, der davon erfahren hatte, erkundigte sich nach seinem Befinden. »Danke, es geht mir schon besser«, sagte der Mime. »Jetzt schlafen mir wenigstens ab und zu die Füße ein.«

*

Bauer Hintermoser will morgens mit freiem Oberkörper seine Ziege melken. Das Tier will aber nicht, geht durch und zieht ihn durch das ganze Dorf, während er sich an ihren Hörnern festhält. Da ruft ihm die Oma Schulte zu: »Kein Geld für ein Hemd, aber eine weiße Suzuki fahren!«

»Gib dir keine Mühe, einem Dackel kannst du keinen Gehorsam beibringen! Das ist aussichtslos!«
»Das wäre ja gelacht, bei dir schien es mir am Anfang ja auch so...!«

Zwei Insassen einer Nervenheilanstalt, in der man viel von Beschäftigungstherapie hält, haben die Erlaubnis bekommen, zusammen mit einem Betreuer auf dem See zu fischen.
Nach der Rückkehr sagt der eine Patient zum anderen: »Hast du dir die Stelle gemerkt, wo die vielen Fische waren?«
»Ja«, sagt der andere. »Ich habe an dieser Stelle ein Kreuz an den Bug gemacht.«
»Idiot!« schimpft der erste. »Morgen geben sie uns vielleicht ein anderes Boot.«

✱

»Wo waren Sie denn im letzten Urlaub?«
»Am Wörthersee!«
»Oh, am Wörthersee, wo haben Sie dort gewohnt?«
»Hotel Franz-Josef-Haus.«
»Wieso? Das Franz-Josef-Haus ist doch am Großglockner!«
»Ach, jetzt verstehe ich, warum es zum See so weit war!«

✱

Kommt Susi zum Fritzchen und fragt ganz erstaunt: »Was macht denn der Hahn auf der Henne?«
Sagt Fritzchen: »Eier stempeln, was denn sonst!«

✱

Ein Hase, völlig betrunken, legt sich schlafen. Kommen zwei Wölfe, streiten sich um die Beute und beißen einander tot. Als der Hase erwacht und die toten Bestien sieht, schüttelt er verwundert den Kopf: »Was hab' ich da bloß wieder angestellt!«

✱

»Was machen Sie, wenn Sie im Urwald eine Schlange sehen?«
»Ich stelle mich hinten an.«

✽

Gast zum Kellner: »Bringen Sie mir ein Steak! Gut abgehangen, genau 240 Gramm, ohne Fett, innen nicht zu roh!«
»Sehr wohl, mein Herr, und welche Blutgruppe soll das Rind haben?«

✽

Eins sollten Sie nicht vergessen, wenn Sie an die See fahren: Es ist nicht immer der Wind, wenn der Strandkorb wackelt.

✽

Fridolin macht Ferien auf dem Bauernhof – einem alten, der noch das Häuschen mit dem Herzen in der Tür hat. Doch zu Fridolins Schrecken hat es keine Rückwand.
»Aber das macht doch nix«, beruhigt ihn die Bäuerin, »vorn ist ja die Tür vor – und von hinten kennt Sie hier doch keiner...«

✽

Regina, das Mauerblümchen, hält viel auf ihre Gesundheit, deshalb geht sie auch alle halbe Jahr zum Arzt.
Nach der letzten Untersuchung fragt sie der Doktor: »Und wie ist es, soll ich Ihnen die Pille verschreiben?«
Meint Regina: »Ach, Herr Doktor, warum soll ich einen Schirm aufspannen, wenn es nicht regnet?«

✽

»Schau hier in das kleine schwarze Loch, da kommt gleich das Vögelchen 'raus.«
»Achten Sie lieber auf Blende, Entfernung und Belichtungszeit, sonst ist die Aufnahme im Eimer.«

Sitzt einer in seinem Zimmer vor einem Eimerchen.
Fragt der Arzt: »Nun, Herr Huber, was machen Sie denn da?«
»Ich fange Walfische!«
»Haben Sie denn schon einen gefangen?«
Da sieht der Patient den Arzt lächelnd an: »Sind Sie verrückt, Herr Doktor – im Eimer?«

*

»Sagen Sie mal, die Paulens führen ja wirklich ein Leben ohne jedes Laster!«
»Da haben Sie vollkommen recht: Sie rauchen nicht, sie trinken nicht, und die beiden Kinder haben sie auch adoptiert!«

✼

»Das ist ja fürchterlich, schnarcht dein Mann immer so?«
»Nein, nur wenn er schläft.«

✼

Wieviele Schafe haben Sie ungefähr?« wird der Schäfer gefragt.
»4786!«
»Phantastisch! Haben Sie einen Trick beim Zählen?«
»Klar! Ich zähle die Beine und teile dann durch vier.«

✼

Mißvergnügt sagt Bolle zu seiner Angetrauten: »Manche Frauen können anziehen, was sie wollen, ihnen steht einfach nichts!«
Darauf ertönt die Antwort: »Es gibt Männer, die können ausziehen, was sie wollen – da ist es genauso...«

✼

Der nervöse Vater wartet vor der Entbindungsstation. Endlich kommt der Doktor, in seiner Begleitung die Schwester mit Drillingen auf dem Arm. »Was für ein Service«, staunt der junge Mann, »ich glaube, ich nehme den in der Mitte!«

✼

Ein Sonntagsangler fängt einen winzigen Fisch. Er nimmt ihn von der Angel, wirft ihn ins Wasser zurück und brummt: »Laß dich ohne deine Eltern hier nicht wieder blicken!«

❊

»Herr Ober, was macht die Fliege in meiner Suppe?«
»Sieht nach Rückenschwimmen aus, mein Herr.«

❊

Am ersten Schultag will die Lehrerin ihrer Klasse etwas auf der Geige vorspielen. Sie stimmt ihr Instrument und denkt: »Wie andächtig doch die kleinen Seelchen lauschen.«
Da tönt von hinten plötzlich eine Stimme: »Die wird so lange machen, bis ihr der Draht in die Fresse fliegt!«

❊

«Knieselns feiern nächste Woche blecherne Hochzeit!«
»Was ist denn das?«
»Zwanzig Jahre Mittagessen aus Konservendosen!«

❊

Im Polizeirevier klingelt das Telefon. Eine aufgeregte Stimme meldet sich: »Hören Sie, in zwei Stunden soll im Park ein Duell stattfinden. Das ist doch verboten, das müssen Sie verhindern. Ich...«
»Ist ja schon gut«, besänftigt ihn der Wachtmeister, »vor einer Stunde hat schon ihr Gegner angerufen...«

❊

»Na, schmeckt der Daumen gut?«
»Nein, aber dafür macht er auch nicht dick!«

»Mein Herr, ich habe vorige Woche einen Papagei bei Ihnen gekauft. Inzwischen hat es sich herausgestellt, daß der umfangreiche Wortschatz des Tieres zum größten Teil aus unziemlichen Redensarten besteht.«
»Sie sollten nicht so hohe Ansprüche stellen, meine Dame, sondern angesichts des allgemeinen Sittenverfalls froh sein, daß das Tier nicht auch noch trinkt und spielt.«

*

Kare und Lucke trinken schon stundenlang. Meint Kare: »Lucke jetzt stehen wir mal auf. Wenn wir das noch können, saufen wir weiter. Wenn wir nicht mehr aufstehen können, dann gehen wir heim.«

*

»Du trinkst in letzter Zeit zuviel«, warnt Peter den Paul.
Der meint darauf: »Weißt du, ich will meinen Kummer ersäufen.«
Fragt Peter: »Und wie gelingt dir das?«
Die Antwort: »Ach, bisher noch gar nicht. Ich glaube fast, das Biest kann schwimmen.«

*

Bei einem Friseur ist eingebrochen worden. Der Meister hat den Dieb gesehen. Ein Polizeibeamter fragt: »Und wie sah der Mann aus?«
Der Friseur beschreibt: »Frischgestutzter Schnurrbart, Fassonschnitt, Kaltwelle, er war unrasiert, die Nägel waren maniküert.«

*

Der Pfarrer begegnet dem ortsbekannten Trinker. »Es freut mich, daß Sie gestern abend auch in der Andacht waren«, sagt der Pfarrer gütig.
»So, so«, brummt der Zecher, »da war ich also auch!«

*

Ein Zug fährt durch New Mexico. Plötzlich werden die Wagen durch heftige Stöße erschüttert, endlich hält der Zug. Eine Frau beugt sich aus dem Fenster und fragt den Zugführer nach der Ursache des Haltens.
»Wir haben eine Kuh überfahren«, lautet die Antwort.
»Ach... sie war auf den Schienen, die Kuh?«
»Nein«, erwidert der Beamte. »Wir haben sie über das Feld verfolgt!«

*

Was ist der Unterschied zwischen einer Möwe und einem Neger? Die Möwe hat einen weißen Schwanz, und der Neger kann nicht fliegen.

*

Müller fragt seine Frau: »Und woraus schließt du, daß ich gestern abend total besoffen nach Hause kam?«
»Woraus wohl«, empört sich sein holdes Weib. «Daraus, daß du die halbe Nacht versucht hast, der Kuckucksuhr und dem Kanarienvogel das Duettsingen beizubringen.«

*

Die Zimmerwirtin erwischt Jürgen, als er sich aus Utes Zimmer schleicht. Sie faucht ihn an:
»Was machen Sie denn hier?«
Stottert er aufgeregt:
»Ich war nur bei der jungen Dame und habe ihr ein paar Tabletten gebracht. Sie hat so Kopfschmerzen!« Die Wirtin schaut an ihm herunter und sagt:
»Gut. Dann machen Sie aber, ehe Sie auf die Straße gehen, Ihre Apotheke wieder zu!«

*

Ein Bayer sitzt vor einem Schweinskopf und will gerade mit dem Essen beginnen. Da fragt ihn ein Berliner: »Aber um Jottes willen, Sie werden doch diesen Schweinskopf nicht alleene essen?«
»Naa, naa«, sagt der Bayer, »i krieg no vier Knödl und a Kraut dazua!«

*

Johnny aus den USA hat sich in ein hübsches deutsches Mädchen verliebt: »Darling, wenn ich raube dir die Unschuld, bin ich dann ein Rauberer?«
»Nee,« sagt die Kleine, »dann bist du ein Zauberer!«

*

»Minna, wenn Sie heute abend den Kalbskopf servieren, vergessen Sie bitte nicht, eine Zitrone ins Maul und Petersilie in die Ohren zu stecken!«
»Mein Gott, gnädige Frau, wie werde ich denn da aussehen?«

*

Dialog in einem Delikatessengeschäft: »Zwei Rebhühner, aber bitte nicht so zerschossen!«
»Bedaure«, sagt der Verkäufer, »Rebhühner, die sich totgelacht haben, führen wir nicht.«

*

Ein Münchner Polizist ertappt einen Pater, der bei Rot über die Straße will. »Ich will ja gern mal ein Auge zudrücken, Hochwürden! Aber wenn Sie öfter auf diese Weise die Straße überqueren, sind Sie bald bei Ihrem Brötchengeber!«

*

Der Metzger fragt die hübsche Kundin: »Na, was haben Sie denn auf dem Herzen?«
»Zwei Pfund Kalbsbrust!«

*

»Aber Ernie, du solltest doch aufpassen, wenn die Milch überkocht.«
»Aber das habe ich doch, Mami. Es war genau 11 Uhr 23.«

Vinzenz fragt seinen Freund Erich: »Weißt du, wie lange Fische leben?«
»Ist doch klar, genauso wie kurze.«

*

»Wohin gehst du?« herrscht die Hotelbesitzerin den Pagen an, der sich hinausdrücken will.
»Ich gehe ins Bordell«, erwidert der Kleine. Die Chefin schnappt nach Luft.
»Unverschämtheit. Du bleibst hier! Marsch, an die Arbeit!«
»Na gut«, nickt der Page, »dann soll sich Ihr Mann seinen Regenschirm selbst abholen.«

*

Vati hat seinen Chef zum Essen eingeladen. Die kleine Tochter beobachtet den Herrn Direktor unverwandt. »Na, mein kleines Fräulein«, fragt der Chef freundlich, »was gibt es denn an mir so Interessantes zu sehen?«
»Ich möchte Sie so gerne trinken sehen«, wispert die Kleine. »Vati sagt immer, Sie saufen wie ein Pferd!«

*

Die Kinder sollen als Hausarbeit einen Vogel malen. Heinz hat es recht schön gemacht, nur ist sein Bild nicht ganz vollständig. Kritisiert die Lehrerin: »Sag mal, Heinz, dein Vogel hat ja keine Beine und keinen Schwanz?«
Da fängt Heinz schrecklich an zu heulen: »Als ich Mama fragte, wo man bei Vögeln die Beine hinmacht, hat sie mir eine geknallt – nach dem Schwanz mochte ich gar nicht mehr fragen!«

*

Zwei Damen der besseren Gesellschaft sitzen in der Oper. Der Heldentenor schmettert in einem eng anliegenden Kostüm eine Arie. Sagt die eine Dame: »Hat der ein tolles Organ.«
Meint die andere: »Finde ich auch, aber singen kann er wirklich gut.«

*

Betont sexy gekleidet erhofft die Bewerberin den ausgeschriebenen Posten als Sekretärin zu bekommen. Die ältere Vorzimmerdame lächelt wissend: »Ich glaube kaum, daß das beim Chef Eindruck macht, da hätten Sie vielleicht Ihren Bruder mitbringen sollen...«

*

Ein älterer Herr hat ein junges Mädchen zur Frau genommen. Als er von der Hochzeitsreise zurück ist, wird er von seinen Freunden bedrängt: »Na los! Erzähl schon! Wie war's denn in punkto Liebe?«
»Wie ein ungarischer Vollbluthengst!«
»Gib bloß nicht so an! In deinem Alter?!«
»Wenn ich's doch sage: Wie ein ungarischer Vollbluthengst!... einfach nicht zum Stehen zu bringen...!«

✻

Und dann war da noch der zerstreute Professor, der zur Toilette ging, seine Weste aufknöpfte und den Schlips hervorholte...

✻

Tsching, ein kleiner Chinese aus Hongkong, war Koch auf einem Schiff. Da er so gutmütig war, machten die Matrosen immer wieder ihre derben Späße mit ihm. Tsching lächelte und beklagte sich nie. Schließlich meinten die Matrosen: »Du bist ein braver Kerl. Von heute an werden wir dich in Ruhe lassen.«
»Vielen Dank«, erwiderte Tsching und verbeugte sich lächelnd, »dann ich auch nicht mehr machen Pippi in Suppe!«

✻

Bei Windstärke neun schlingert der Musikdampfer auf einer Kreuzfahrt durch das Mittelmeer. Alle Passagiere beugen sich über die Reling. Da stößt Frau Müller ihren ebenfalls seekranken Mann an und sagt: »Erich, schau dir mal das Gesicht der Frau da drüben an – so zart grün lasse ich mir mein neues Cocktailkleid machen.«

✻

»Mutter läßt fragen, ob wir Ihre Schere 'mal leihen können.«
»Ja, gern, habt ihr denn keine?«
»Doch, aber die wollen wir nicht zum Dosenöffnen nehmen!«

Es war im Zirkus. Ein Kunstreiter trat auf. »Donnerwetter«, sagte Schrippel zu seinem Freund Horst, »der Kerl kann reiten! Der reitet auf dem Pferd, hängt seitlich am Bauch und sogar unter dem Bauch!«
»Das ist nichts Besonderes«, meint da Horst. »Das habe ich in meinen ersten Reitstunden auch alles gemacht.«

*

Ein berühmter Fußballtrainer kommt in den Himmel. Er bittet den lieben Gott, eine Mannschaft aufstellen zu dürfen, was dieser auch gestattet. Der Trainer darf also unter den besten Spielern aller Zeiten auswählen. Als die Mannschaft gut trainiert ist, beschließt man ein Freundschaftsspiel gegen die Hölle auszutragen. Der liebe Gott ruft beim Teufel an: »Habt ihr Lust, gegen uns ein Fußballspiel auszutragen?«
»Warum nicht?« fragt der Teufel. »Aber ihr habt nicht die geringste Chance gegen uns.«
»Aber, aber«, sagt der liebe Gott, »wir haben die besten Spieler aller Zeiten!«
»Na und?« meint der Teufel, »wir haben alle Schiedsrichter!«

*

Der junge Pfarrer ist über das tiefausgeschnittene Kleid seiner Haushälterin entsetzt. »Schuld daran war nur der Teufel«, will sie sich rechtfertigen, »er hat mich zum Kauf verführt.«
Tadelt der Geistliche: »Und warum haben Sie dann nicht gesagt: ›Weiche von mir Satan‹!?«
»Hab' ich doch auch getan, Hochwürden. Aber dann hat er von weitem gerufen: ›Auch von hier aus besehen, steht es dir noch ausgezeichnet‹!!«

*

Der besorgte Vater hat seinen Jüngsten beim Rauchen erwischt: »Ja weißt du denn nicht, wie schädlich Zigarettenrauchen in deinem Alter ist?!«
»Sicher, Vati,« gesteht der Kleine, »aber die andern lachen mich immer aus, wenn ich mir 'ne Pfeife anstecke!«

*

Der flotte Richard hat in der Disco ein hübsches Mädchen kennengelernt. Als es schon spät ist, fragt er sie: »Kommst du noch auf eine Tasse Kaffee mit zu mir?«
»Nein, danke«, erwidert sie, »gegen ein wenig Sex hätte ich ja nichts einzuwenden, aber auf Kaffee habe ich jetzt wirklich keinen Bock mehr!«

✼

... ein kleiner Junge zu der freundlichen Dame: »Nein, meine Mutti zieht mich nicht groß, ich wachse von alleine!«

✼

Der Ehemann nachts zum Einbrecher: »Gott sei Dank, daß Sie endlich da sind! Seit elf Jahren weckt mich meine Frau jede Nacht, weil sie glaubt, Sie seien gekommen!«

✼

»Liebling, sieh dich doch beim Geschirrspülen besser vor!«
»Nun fang doch nicht schon wieder an...!«
»Tu' ich ja auch nicht – aber langsam bin ich's leid, meine Suppe immer aus der Blumenvase zu löffeln!«

✼

Wider Erwarten wird der Angeklagte freigesprochen. Sinniert er: »Und was mach ich jetzt?... Jetzt hab ich meine Bude schon weitervermietet...!«

✼

Zwei junge Mütter, die zur gleichen Zeit entbunden hatten, treffen sich zufällig im Park wieder. »Meine Kleine hat heute ihr erstes Wort gesagt«, berichtet eine voller Stolz.
Da richtet sich das andere Baby im Wagen auf und fragt: »Und was hat die Kleine denn als ersten Ausspruch von sich gegeben, gnädige Frau...?«

*

Zwei Nachbarinnen unterhalten sich.
»Mein Mann ist heute zum Zeugen geladen worden«, erzählt die eine.
»Ach«, erwidert die andere, »ich werde meinen Mann wohl auch laden lassen, der bringt's ja auch nicht mehr!«

»Also Liebling, deine Suppe schmeckt wirklich viel besser als die bei meiner Mutter. Aber vielleicht solltest du doch etwas mehr Eintopf an das Salz geben!«

»Das ist doch gar kein gemischter Chor?« wundert sich ein Besucher, »das sind doch alles Männer!«
»Das schon, aber die einen können singen und die anderen nicht!«

✻

Brösel überrascht seine Tochter mit einem jungen Mann. Tobt Brösel: »Mann! Ich werd' Sie lehren, meine Tochter zu verführen.«
Lächelt die Tochter: »Da kommst du zu spät, Paps, er kann's schon!«

✻

Aufgeregt erscheint eine Dame beim Psychiater: »Herr Doktor, können Sie helfen? Mein Mann denkt Tag und Nacht nur an Geld!«
»Soso, na, das werde ich bald haben!«

✻

»Und denk dran, mein Kind«, ermahnt die Mutter, »daß du mit deinem Zukünftigen nicht schon vor der Ehe... naja, du weißt schon, was ich meine.«
Das Töchterchen schüttelt den Kopf: »Und warum ausgerechnet mit dem nicht?«

✻

»Konnten Sie nicht früher kommen?« fragt der Arzt vorwurfsvoll. »Die Sprechstunde ist schon längst beendet!«
»Tut mir aufrichtig leid, Herr Doktor,« entschuldigt sich der Patient, »aber der blöde Köter hat mich nicht früher gebissen!«

✻

Beifallheischend kommt der Kellner an den Tisch des Gastes.
»Nun, mein Herr, wie schmeckt Ihnen die Suppe?«
»Doch,... das Salz ist ausgezeichnet, es ist nur recht wenig Suppe drin!«

✽

...ein Ehemann: »Ich möchte ja nicht mißtrauisch sein, Schatz, aber bevor du zum Friseur gegangen bist, hattest du die Laufmasche im rechten Strumpf...«

✽

»Ist dein Chef eigentlich schon mal frech zu dir geworden, Gaby?«
»Und ob! Letzte Woche kam er rein und sagte: ›Nun aber mal ran an die Arbeit!‹«

✽

Nur durch scharfes Bremsen können zwei Autofahrer das Schlimmste verhindern. Wütend kurbelt der eine sein Fenster runter und brüllt: »Du Vollidiot. Hast das Autofahren wohl per Telefon gelernt?!«
Der andere brüllt zurück« »Ja stimmt. Und du warst wohl am anderen Ende der Leitung!«

✽

»Nun, Anton,« fragt der Lehrer, »warum habe ich dich jetzt wohl einen kleinen Dummkopf genannt?«
»... weil ich noch nicht so groß bin wie Sie!«

✽

»*Ich bin völlig erschöpft. Unser Generaldirektor hat eine Rede von über drei Stunden gehalten.*«
»*Worüber denn?*«
»*Tja, das hat er nicht gesagt!*«

Wußten Sie eigentlich, daß die »Heiligen Drei Könige« die ersten Gewerkschafts-Funktionäre waren? Die Bestätigung finden Sie in der Bibel: Sie legten die Arbeit nieder, zogen schöne Gewänder an und gingen auf Reisen.

*

»Zum Frühstück bevorzuge ich einen Liter Wein, eine Schachtel Kekse und einen Hund.«
»Wozu brauchen Sie denn einen Hund?«
»Na hören Sie?! Einer muß doch die Kekse essen!«

*

»Ich hätte ja wirklich mehr Vertrauen zu deinen Ratschlägen, Mutti,« sagt die flügge gewordene Tochter zur Mutter, »wenn du Papa nicht geheiratet hättest!«

*

Es hat furchtbar geregnet, und der Fußballplatz steht unter Wasser. Trotzdem soll angepfiffen werden. Meint der eine Mannschaftsführer: »Ihr habt Anstoß, dafür spielen wir mit der Strömung!«

*

Sturzbetrunken schießt ein Mann quer durch die Kneipe, kann sich gerade noch an den Tresen festklammern und verlangt lautstark: »Ein Bier und einen doppelten Schnaps!«
Der Wirt zapft ihm das Bierchen und stellt es vor ihn hin.
»Was is' los? Wo bleibt der Schnaps?«
»Nee, nee, mein Lieber,« schüttelt der Wirt den Kopf, »Schnaps kriegen Sie keinen mehr!«
»Was denn,« schimpft der Gast los, »soll ich das Bier vielleicht trocken runterwürgen?!«

*

An der Ampel steht ein Sportwagen, daneben ein junger Mann in Turnschuhen. Bei Grün rasen beide los, der Läufer überholt und verschwindet am Horizont. Nach geraumer Zeit sieht der Sportwagenfahrer den Läufer in einem riesigen Krater sitzen. »Um Gottes willen, was ist passiert?«
»Ist Ihnen schon mal bei Tempo 200 der Turnschuh geplatzt...?«

*

Ein kleiner Fuchs hockt vor dem Bau. Da wird er von einem Hasen gefragt:
»Ist dein Vater daheim?«
»Nein.«
»Aber deine Mutter?«
»Nein.«
»Aber sicher deine Geschwister?«
»Ich habe keine Geschwister.«
Da baut sich der Hase provozierend vor dem kleinen Fuchs auf:
»Was is? Will'ste ein paar in die Schnauze?!«

❋

»Möchtest du gerne ein Mann sein, Lisa?«
»Ach nein, lieber nicht. Und du, Hans-Josef?«

❋

Die beiden Zecher haben furchtbar lange getagt. Als sie sich dann doch auf den Heimweg machten, sagt der eine: »Mann, ich hab' 'nen fürchterlichen Bammel vor meiner Alten, du auch?«
»Nee, nee,« lallt der andere, »nur vor meiner!«

❋

Bumski zeigt stolz einem Besucher ein Gemälde: »Es stellt einen meiner ehrwürdigen Vorfahren dar«, kommentiert er.
»Beinahe wärs mein Ahn geworden«, meint der Besucher, »aber über 1200 Mark konnte ich auf der Auktion nicht mitgehen...«

❋

»Ich habe Ihnen einen Eierkuchen von gestern aufgehoben.«
»Ach, und ich dachte, das sei das neue Fensterleder und habe damit die Fenster geputzt.«

Pünktlich wie immer erscheint Hubert zum Dämmerschoppen. Er wendet sich an den Ober: »Na, mein Bester, noch keiner von den Knallköppen da?«
»Nein, mein Herr,« bedauert der Ober, »Sie sind der erste!«

✳

Frau Schnibbel liest in einem Gedichtband. Plötzlich ruft sie erstaunt aus: »Du, Rainer, hier hat ein gewisser Rilke das Gedicht abgeschrieben, das du vor 30 Jahren eigens für mich gemacht hast!«

✳

An seinem letzten Urlaubstag haucht Hubert seiner Hotelbekanntschaft beim Tanzen ins Ohr: »Hör mal, Schatz, ich bin heute die letzte Nacht hier.«
»Ich weiß«, flüstert sie zurück, »aber schneller kann ich nun mal nicht tanzen...«

*

Kennen Sie auch die Gefährlichkeit des Frühlings:
Die Salatköpfe schießen... die Sonne sticht... die Bäume schlagen aus... und der Rasen wird gesprengt...!

*

Unterhalten sich ein Engländer, ein Franzose und ein Bayer über die Schwierigkeiten ihrer Muttersprache. Der Engländer: »Wir schreiben ›Empire‹, aber sprechen ›Ämpeier‹«.
Meint der Franzose: »Aber wir schreiben ›Bordeaux‹ und sagen ›Bordo‹.«
Lächelt der Bayer: »Das ist doch noch gar nichts. Wir schreiben ›Ja bitte, Sie wünschen?‹, aber fragen ›hä‹«!

*

Ostfriesland will im politischen Geschehen mitmischen und erklärt China kurzerhand den Krieg per Telex: »Erklären Krieg, haben drei Panzer und vierhundertzwölf Soldaten!«
China drahtet zurück: »Erklärung akzeptiert. Haben 22 000 Panzer und 5 Millionen Soldaten!«
Ostfriesland ändert seine Absichten: »Müssen Kriegserklärung zurücknehmen. Haben zu wenig Betten für die Gefangenen!«

*

»Nicht wahr, Omi, unten sind wichtige Leute zu Besuch?«
»Wie kommst du denn darauf?«
»Weil Mami über Papis Witze lacht!«

»Sag, Schatz, was liest du denn da?«
»Nichts Besonderes, lauter Blödsinn.«
»Dann unterhalte dich doch lieber etwas mit mir.«
»Laß mal, gedruckt ist mir der Blödsinn doch lieber!«

✻

Herrmann sitzt beim Augenarzt. »Wie ich sehe,« beginnt der Arzt, »haben Sie heut' morgen ein Drei-Minuten-Ei gegessen.«
»Donnerwetter, Herr Doktor,« wundert sich Herrmann, »können Sie das in meinen Augen sehen?«
»Nein«, lächelt der Arzt, »an Ihrer Krawatte!«

✻

Im Fernsehstudio wird ein Stück aufgezeichnet, das im alten Rom spielt. Plötzlich donnert der Regisseur einen römischen Kleindarsteller an: »Sind Sie des Teufels, Mann? Sie tragen ja noch Ihre Armbanduhr. Sofort runter damit!«
Der Komparse schüttelt verwundert den Kopf: »Warum denn das? Die Uhr hat doch römische Ziffern...!«

*

In dem Bericht über eine Veranstaltung heißt es:
»Mit dem Eintritt des Herrn Bürgermeisters nahm die Rindviehausstellung ihren Anfang.«

*

An Huberts nagelneuem Sportwagen ist innerhalb einer Woche das Getriebe zum vierten Mal hinüber. Der Meister der Reparaturwerkstatt schüttelt verwundert sein Haupt, nimmt Hubert zur Seite und fragt ihn: »So ganz im Vertrauen. Natürlich wird das Getriebe wieder auf Garantie ausgetauscht, aber wie machen Sie das?«
»Ich versteh's auch nicht,« meint Hubert mit unschuldiger Miene, »ich fahr' ganz normal: im ersten Gang bis 20, dann im zweiten bis 50, dritter Gang auf 80 und vierter rauf bis 140 Kilometer – und dann schalte ich auf ›R‹, in den Rallyegang!«

*

Der Vertreter trifft Abreisevorbereitungen.
Will seine Frau wissen: »Wirst du mir auch treu bleiben?«
Brummt er: »Bin ich Reisender oder Wahrsager?«

*

»Ich rauche nicht. Ich trinke nicht, rühre keine Spielkarten an, und zum Fußballplatz renne ich auch nicht. Und darum möchte ich Sie um die Hand Ihrer Tochter bitten!«
Der Vater des Mädchens überlegt nicht lange: »Das schlagen Sie sich mal gleich aus dem Kopf! Glauben Sie etwa, ich möchte einen Schwiegersohn, der mir ständig als gutes Beispiel vorgehalten wird?!«

*

Der Ehemann kam stolz vom Vereinsabend nach Hause und berichtete, er sei zum zweiten Vorsitzenden gewählt worden.
»Da haben sie gut gewählt«, sagt die Ehefrau. »Die Rolle kennst du ja von zu Hause.«

*

Eine alte Dame kommt zum Internisten der Uni-Klinik. »Wie soll ich Sie anreden?« fragt sie. »Herr Doktor oder Herr Professor?«
»Wie Sie wollen«, lächelt der Arzt. »Während meiner Abwesenheit nennen mich viele Studenten einfach den alten Idioten.«
»Nun ja«, sagt die alte Dame vorsichtig, »das können aber auch nur Leute sein, die Sie sehr gut kennen.«

*

Meier besucht Meier. Auf dem Tisch stehen drei Burgunderflaschen. »Nanu?« fragt Meier. »Alle leer? Hast du den Burgunder ganz allein getrunken?«
»Ganz allein nicht. Ich habe ihn zusammen mit zwei Flaschen Sekt getrunken.«

*

»Sind Sie Zauberkünstler?«
»Ja, ich zersäge Frauen.«

»Haben Sie Geschwister?«
»Zwei Halbschwestern!«

Drei Leute stehen auf der höchsten Plattform des Eiffelturmes. »Ein herrliches Flugwetter!« schwärmt der erste, schwingt sich über die Brüstung, springt... sanft, wie auf Wolken, gleitet er abwärts!
»Ideal!« murmelt nun aufmunternd der zweite, springt, und ebenso sanft schwebt er in die Tiefe.
»Na, wenn das so kinderleicht ist«, murmelt der dritte vor sich hin – und springt auch.
  Die beiden, die schon gelandet sind, sehen interessiert zu. Einer sagt: »Naja, dafür, daß wir Engel sind, sind wir aber ganz schön gemein, was?!«

*

Lehrer: »Wenn Goethe heute noch leben würde, wäre er dann wohl ebenso berühmt?«
Thomas: »Noch viel berühmter – denn dann wäre er ja über 200 Jahre alt.«

※

»Warum wollen Sie kündigen, Grete? Haben wir Sie nicht immer behandelt, als ob Sie zur Familie gehören?«
»Jawohl, gnä Frau – und das hab' ich mir jetzt lange genug gefallen lassen.«

※

»Sie sind ja herrlich braun vom Urlaub zurückgekommen, aber warum ist denn Ihre rechte Hand noch ganz weiß?«
»Ich mußte dort dauernd in die Tasche greifen.«

※

Anfrage an eine Mailänder Zeitung: »Trifft es zu, daß im Jahre 2000 alle Benzinvorräte der Erde erschöpft sein werden?«
Antwort der Redaktion: »Das hat nichts zu bedeuten. Bis dahin gibt es so viele Autos, daß sie sich sowieso nicht vom Fleck rühren können.«

※

Im Zimmer eines Mannes, der sich Bücher lieber ausleiht als kauft. Überall liegen Bücher herum. »Was wollen Sie?« sagt er. »Regale leiht einem keiner.«

※

»Hach, Meister!« schwärmt die Dame beim Besuch des Malers in dessen Atelier. »Diese herrliche Farbenpracht! Ich wünschte, ich könnte etwas davon mitnehmen!«
»Das werden Sie wohl«, grinst der Künstler, »Sie sitzen nämlich auf meiner Palette!«

*

»Waren Sie schon einmal in China?«
»Nein, in China war ich noch nie.«
»Dann müßten Sie eigentlich meine Schwester kennen.«
»Warum?«
»Sie war auch noch nie in China!«

*

Brösels Freunde deuten auf seinen dicken Kopfverband, als er die Stammkneipe betritt. »Wie ist denn das passiert?« wollen sie wissen.
»Das stammt von meinem Autounfall«, gesteht Brösel.
»Aber wieso denn? Der war doch schon vor über sechs Wochen?!«
»Ja, stimmt«, antwortet Brösel leidgeprüft, »aber heute bin ich meinem Unfallopfer wieder begegnet...!«

*

Fritzchen hat die erste Englischstunde hinter sich. Stolz berichtet er zu Hause seiner Mutter: »Ich kann schon ›Guten Tag‹, ›bitte‹ und ›danke‹ in einer fremden Sprache sagen.«
»Wie schön!« antwortet die Mutter, »in Deutsch konntest du es bisher nicht.«

*

*»Machen Sie lieber einen Durchschlag mehr,
falls Sie sich verschreiben.«*

»Ab sofort müssen Sie aber abnehmen!« verordnet der Arzt, »strengste Diät, nur fettarmes Fleisch, nichts Süßes, kein Brot und vor allen Dingen: kein Kaffee, Bier oder Schnaps... doch ganz besonders wichtig: mehr Spaß am Leben, mein Bester, viel mehr Spaß!«

✱

Fragt er danach: »Warum hast du eigentlich deinen Mann betrogen?«
Seufzt sie sinnierend: »Das frag' ich mich jetzt allerdings auch!«

✱

»Wie lange hält dieser Zug?« wendet sich ein Fahrgast an den Schaffner.
Meint dieser. »Naja. Bei guter Pflege, so 15 bis 20 Jahre!«

Auf der Hochzeitsreise sagt die Braut: »Gustav, tun wir doch so, als seien wir schon länger verheiratet.«
»Gut, trag du die Koffer!«

※

»Du, Paul, bei euch im Hochhaus soll ja 'ne tolle Blondine eingezogen sein. Hast du auch schon deine Fühler ausgestreckt?«
»Wieso Fühler? Was glaubst du denn, wie viele von den Dingern ich eigentlich habe...?!«

※

»Na, hören Sie! Das ist doch wohl der Gipfel der Unverschämtheit!« tobt Müller. »Ich erzähle Ihnen, daß meine Frau ein Baby erwartet, und Sie fragen, von wem?!«
»Nun regen Sie sich doch nicht so auf«, versucht der andere ihn zu beruhigen, »ich dachte ja nur, Sie wüßten es...?!«

※

Ein Mann, als sehr wortkarg verschrien, wird angesprochen: »Gut, daß ich Sie treffe. Ich habe hoch darauf gewettet, daß es mir gelingen wird, mehr als ein Wort aus Ihnen herauszukriegen...«
»Verloren!«

※

Claudia hatte einen sehr anstrengenden Spanienurlaub hinter sich. Irgendein Witzbold hatte ihr gesagt, daß ›nein‹ auf spanisch ›si‹ heißen würde...

※

Am Frühstückstisch. Er steckt wie immer hinter seiner Zeitung. Erkundigt sie sich sorgenvoll: »Sag mal, fühlst du dich heute nicht gut?«
»Wieso?«
»Na, deine Finger sind so blaß!«

❋

»Ich weiß nicht, was Sie haben«, wundert sich der Scheidungsanwalt und betrachtet die junge, hübsche Frau eingehend. »Ihr Mann ist doch für sein hohes Alter noch sehr rüstig!«
»Für sein Alter – mag ja sein«, meint sie da keß, »aber nicht für meins!«

❋

Das Fest des Gesangvereins neigt sich dem Ende entgegen. Singend streben die Mitglieder auf den gemieteten Bus zu. Da hält der Vorsitzende einen an der Schulter zurück: »Nix da, Schorsch! Du fährst... du bist viel zu voll, um noch richtig zu singen...!«

❋

Beim Klassentreffen nach 20 Jahren: »Was ist eigentlich aus der süßen kleinen Blonden geworden, wegen der damals die halbe Klasse fast hängengeblieben ist?«
»Ach die – bei der bin ich hängengeblieben...«

❋

Der Vater ermahnt seinen Sohn: »Junge, du sollst doch nicht einfach immer so ins Blaue hineinschwätzen. Ich sage zwar hin und wieder auch mal was Dummes – aber ich überlege es mir vorher!«

»Wer hat denn gesagt, daß ich mich so einfach küssen lasse?«
»Der ganze Tennisverein!«

»Kannst du mir sagen, was ein Perpetuum mobile ist?«
»Aber sicher. Das ist ein Ding, das nie stehen bleibt.«
»Ach? Nennt man das denn nicht Impotenz...?«

✻

Erklärt Max seinen Freunden: »Ich bin in einer sehr ärmlichen Gegend aufgewachsen. Da war selbst der Regenbogen schwarzweiß...«

✻

Mit zerzausten Haaren, halb geöffneter Bluse und gerötetem Gesicht verläßt die neue, äußerst attraktive Sekretärin das Chefzimmer. »Der Herr Direktor konnte mal wieder seine Unterlagen nicht finden«, meint sie dem ältlichen Fräulein Huber erklären zu müssen.
Und die nickt zustimmend: »Ja, ja. Und dann sucht er sie an den unmöglichen Stellen!«

*

Händeringend fleht die Dame um ärztlichen Beistand: »Bitte, Herr Doktor, Sie müssen meinem Mann helfen. Er hat einen ausgesprochenen Jagdtick! Kaum eine Woche vergeht, wo er nicht wenigstens ein Zebra oder einen Löwen oder etwas Ähnliches erlegt!«
»Safari-Teilnehmer?« meint der Arzt leicht verwundert.
»Eben nicht!« schluchzt die Dame auf. »Er schießt sie im Duisburger Zoo!!!«

*

Obwohl der jüngere Fahrgast einem älteren in der Bahn sofort seinen Platz angeboten hat, nörgelt der: »Der Sitz ist ja noch ganz warm!«
Der Jüngere schüttelt den Kopf: »Na und? Soll ich mir vielleicht Ihretwegen Eisbeutel in die Hose hängen...?«

*

»Ich brauche einer Frau nur in die Augen zu sehen – schon ist sie weg!«
»Tröste dich, nicht alle sind so unhöflich...«

*

Pünktlich zum Monatsersten verlangt die Frau Professor von ihrem Mann ihr Wirtschaftsgeld. Von der Küche aus ruft sie ins Arbeitszimmer: »Wilhelm – der Erste!«
Prompt tönt es zurück: »1861 bis 1888!«

✽

Samstagnachmittag. Alle Kinder spielen gemeinsam im Sandkasten »Autos an der Tankstelle«. Nur der kleine Jochen sitzt still und abseits in einer Ecke. »Warum spielst du denn nicht mit?« will eine zuschauende ältere Dame wissen.
»Ich spiel doch mit«, berichtigt der Kleine, »aber ich bin doch das Benzin – und muß stinken!«

✽

Lehrer: »Welche Muskeln treten in Funktion, wenn ich boxen würde?«
Paulchen: »Meine Lachmuskeln!«

✽

»Wie gefällt's dir denn in der Schule, Balduin?«
»Sehr gut, nur die vielen Stunden zwischen den Pausen langweilen mich.«

✽

Frau Wuttig findet ihre Tochter auf dem Schoß eines jungen Mannes: »Sofort stehst du auf, Elvira!«
»Ich denke ja nicht dran, Mutti. Ich war zuerst da!«

✽

»Wem sieht das Baby denn ähnlich?«
»Es schlägt nach der Mutter.«
»Ach, ganz der Vater also?«

»Na Süßer. Wie wärs denn mit uns beiden?« spricht die junge Dame den 70jährigen auf der Reeperbahn an.
Spontan zückt der alte Herr seine Brieftasche: »Hier, mein Engel, haben Sie 50 Mark – für das Vertrauen, das Sie noch in mich setzen!«

*

Jemand hatte auf eine Wand gekritzelt: »Gibt es intelligente Lebewesen auf dieser Erde?«
Kurz darauf stand in einer anderen Handschrift darunter: »Ja... aber ich bin nur zu Besuch hier!«

*

»Was machst du eigentlich beruflich?«
»Ich schreibe Kriminalgeschichten. Jede Woche eine.«
»Da muß dir ja jede Menge einfallen.«
»Ach, das ist halb so wild. Ich schreibe für's Fernsehen!«

Dorfarzt zu seinem Patienten: »Ich bin mir nicht ganz klar, was Ihnen fehlt. Möglich, daß es vom vielen Alkohol kommt.«
Cowboy: »O. k., Doktor, ich werde mal wieder reinschauen, wenn Sie nüchtern sind.«

*

Der alte Playboy kniet in der Kirche und betet: »Herr, nachdem du mir nun das Können genommen hast, so bitte ich dich, nimm mir auch das Wollen!«

*

Schwere Geburt
Auf einem einsamen Hof liegt die Bäuerin in den Wehen. Der Bauer fährt in die Stadt und holt den Arzt. Der Arzt geht mit seinem Instrumentenkoffer ins Schlafzimmer. Nach einer Weile streckt der Arzt den Kopf durch die Tür und verlangt einen Schraubenzieher. Wenig später verlangt er einen Holzbohrer, endlich eine Handsäge. Nach einer halben Stunde gratuliert er dem Bauern zu einem prächtigen Sohn.
Der Bauer atmet auf. »War es eine schwere Geburt?« fragt er.
»Überhaupt nicht«, sagt der Arzt.
»Aber wozu haben Sie denn dann das Werkzeug gebraucht?« will der Bauer wissen.
»Ich bekam den Instrumentenkoffer nicht auf«, sagt der Arzt.

❋

Ins Hotel »Zum goldenen Adler« kommt ein Pferd. In seiner Begleitung ein süßer kleiner Hund.
»Bitte«, sagt das Pferd zum Portier, »ich möchte ein Doppelzimmer mit Bad!«
Sagt der Portier zum Pferd: »Bitte sehr, schreiben Sie sich ein!«
Das Pferd schreibt sich ein und will nun 'raufgehen aufs Zimmer, da ruft ihm der Portier nach: »Mit einem Hund dürfen Sie aber nicht aufs Zimmer!«

❋

»Fräulein Lilo, mir fehlt der Ausdruck, um Ihnen zu sagen, welchen Eindruck Sie auf mich machen!«
»Sehen Sie, mein Freund, dann fehlt Ihnen offenbar auch die Einsicht, wie wenig Aussicht Sie bei mir haben!«

❋

»Sag mal, wolltest du nicht in diesem Jahr mit deinem Wagen nach England?«
»Ja, schon. Aber der Linksverkehr ist mir doch zu gefährlich... hab's ausprobiert: Auf der Autobahn Köln – Frankfurt – neee!!!«

*

Bumski kommt mit einem prächtigen Veilchen zum Arzt: »Sieht ja böse aus. Hat eine Wespe Sie gestochen?«
»Nein. Eine Biene hat zugeschlagen!«

*

Der Vater nimmt sein 16jähriges Töchterchen beiseite. »Hör mal, Liebes. Wenn du bis zu deinem 18. Geburtstag schön brav bleibst, schenke ich dir ein schönes, silbernes Armband.«
»Ach, Paps«, lächelt sie da versonnen, »weil ich gestern abend nicht brav war, hab' ich schon ein goldenes bekommen...«

*

Mäxchen sitzt über seinen Hausaufgaben. »Du, Vati. Was ist das für ein Satz: ›Es ist kein Bier im Haus‹?«
Stöhnt der Vater auf: »Das ist kein Satz – das ist eine Katastrophe!«

*

Abendgesellschaft. Einer der Gäste wendet sich an die Gastgeberin: »Bitte denken Sie nicht, daß ich unhöflich bin, weil ich so oft zur Uhr schaue... ich langweile mich bloß entsetzlich!«

*

»Kennst du den Unterschied zwischen Schnittlauch und der Polizei? – Es gibt keinen. Sie sind außen grün, innen hohl und treten immer gebündelt auf.«

Stimmt es wirklich, daß in Florida 365 Tage im Jahr die Sonne scheint?«
»Aber ja. Und das ist noch eine vorsichtige Schätzung!«

*

»Sie sind der größte Idiot den ich kenne.«
»Mein Herr, Sie vergessen sich!«

*

Ein Schüler fragte den griechischen Weisen Thales: »Was ist deiner Meinung nach das dauerhafteste?«
»Die Hoffnung«, erwiderte Thales. »Denn sie ist das letzte, das uns verläßt.«
»Und was ist das leichteste?«
»Politische Versprechungen...«

*

Zwei Luftballons fliegen durch die Wüste von Nevada. Plötzlich ruft der eine dem anderen zu: »Paß auf, da vorn steht ein großer Kaktussssssssss...!«
Meint der andere: »Macht doch gar nichtsssssss...!«

*

»Wissen Sie nicht, daß das Ausspucken im Omnibus aus hygienischen Gründen verboten ist?«
»Doch, aber ich spucke ja nicht aus hygienischen Gründen aus, sondern weil ich krank bin.«

*

»Ist das Spielzeug nicht zu kompliziert für ein kleines Kind?« fragt die junge Mutter verwirrt im Spielwarenladen.
»O nein, keineswegs«, sagt die Verkäuferin, »es bereitet Ihr Kind rechtzeitig auf den Ernst des Lebens vor. Wie man es auch zusammensetzt, es ist immer falsch.«

*

»Papa, warum hast du Mama eigentlich geheiratet?«
»Da hörst du es, Matilde, noch nicht einmal das Kind
versteht es...«

Frau Mama ist zu Besuch beim frischgebackenen Ehepaar. »Na, ihr Hübschen«, fragt sie lachend, »wer von euch hat denn nun die Hosen an?«
Haucht die Tochter errötend: »Meistens keiner...!«

*

Fragt die Tochter: »Vati, wie findest du mein neues Abendkleid?«
»Verwirrend!« antwortet dieser kopfschüttelnd. »Ich kann einfach nicht erkennen, ob du versuchst, das Kleid anzuziehen, oder ob du versuchst, es auszuziehen.«

*

»Was bewunderst du denn an meinen Bildern?«
»Daß du sie verkaufst!«

*

Der Lehrer fragt: »Wieviel Einwohner hat Afrika?«
»Ja... Äh... hm...«
»Nun beeile dich, je länger du wartest, um so mehr werden es!«

*

»Minna, war jemand hier, während ich weg war?«
»Ja.«
»Wer?«
»Ich.«
»Unsinn, ich meine, ob jemand gekommen ist?«
»Ja.«
»Wer?«
»Sie!«

*

Dreieinhalb-Stunden-Film. »Du Trude, meine Sitzfläche ist eingeschlafen.«
»Dann paß auf, Gustav, daß sie nicht schnarcht.«

*

Mitten in der Abendsendung gibt die Bildröhre zischend den Geist auf. Die Mutter knipst das Licht an. Der Vater blickt sich um und sagt zum Sohn: »Junge, was bist du groß geworden!«

*

Nach elf Jahren Ehe wurde bei Pastor Brill doch noch Nachwuchs begrüßt. Am nächsten Tag stand in der Zeitung: »Wir freuen uns über die Geburt unseres Sohnes und danken dem Herrn, der über uns wohnt.«

*

»Du sollst Elektrotechniker werden; die lange Leitung hast du schon!«
»Und du kannst Baumeister werden, dir ist noch nie etwas eingefallen!«

»Egon, würdest du mich noch einmal heiraten?«
»Wollen wir schon am Frühstückstisch mit dem Streiten anfangen?«

Sturzbetrunken wankt Bauer Huber über die Dorfstraße. Da begegnet ihm der Pfarrer. Er mustert den Bauern mißbilligend und meint dann: »Wieder mal besoffen!«
Der Bauer stutzt, doch dann strahlt er: »Ich auch, Hochwürden, ich auch!«

✻

»Als ich am Anfang meiner Karriere stand, hatte ich nichts als zwei leere Taschen. Heute habe ich drei Millionen.«
»Was machen Sie denn mit so vielen leeren Taschen?«

✻

Der Spaziergänger verweilt bei einem Angler: »Na, beißen sie?«
»Nee, nur wenn ich gereizt werde...!«

✻

Zwei Kühe stehen auf der Weide. Plötzlich beginnt die eine schrecklich zu zittern.
Fragt die andere: »Was ist denn los?«
Schaudert die erste zusammen:
»Sieh mal, da vorn kommt der Melker mit den kalten Händen.«

✻

Die Mutter ruft ihre Tochter zu sich: »Geh doch mal in die Speisekammer und hol mir die Weinflasche, auf der ›Essig‹ steht. Da müßte Himbeersaft drin sein. Riech aber vorher dran, ob's nicht Spiritus ist!«

✻